對　談　錄

中國文化

插圖本

U0116562

陳耀南 ● 著

CHINESE

CULTURE

DIALOGUES

責任編輯	俞　笛　張軒誦	
封面設計	吳丹娜	
版式設計	鍾文君	

書　　名	中國文化對談錄〔插圖本〕	
著　　者	陳耀南	
出　　版	三聯書店（香港）有限公司	
	香港北角英皇道 499 號北角工業大廈 20 樓	
	Joint Publishing (H.K.) Co., Ltd.	
	20/F., North Point Industrial Building,	
	499 King's Road, North Point, Hong Kong	
發　　行	香港聯合書刊物流有限公司	
	香港新界大埔汀麗路 36 號 3 字樓	
印　　刷	陽光（彩美）印刷有限公司	
	香港柴灣祥利街 7 號 11 樓 B15 室	
版　　次	2005 年 3 月香港第一版第一次印刷	
	2019 年 11 月香港第二版第一次印刷	
	2020 年 7 月香港第二版第二次印刷	
規　　格	大 24 開（160×210mm）192 面	
國際書號	ISBN 978-962-04-4535-4	

© 2005, 2019 Joint Publishing (H.K.) Co., Ltd.

Published & Printed in Hong Kong

序一

　　出版差不多四十本書了，仍然每本都像嫁出去的女兒——遭際雖殊，總有一番撫育成長的心血，以及永遠的關懷、愛護。如今其中一位，出閣多年，竟蒙人家把她着意再行打扮一番：衣服更新了、飾物添加了、用具增置了，看起來真更覺舒泰雍容，教為父的怎不安慰、欣喜？

　　當年在香港，應某大學出版社之邀，寫"中國文化"科的課本，配上不少圖片，以增加讀者趣味。跟着又蒙三聯不棄，賈其餘勇，寫了這本兩人啟應、形式創新的《中國文化對談錄》，就純是文字了。後來大學預科課程改變，自己又剛好移民，不便而且不暇再寫，那課本從此失蹤坊間，這也是教科書的命運吧。反之，這本《中國文化對談錄》因為不與指定課本掛鈎，獨立成書，長期（怎敢説"永遠"呢）可用；加上內容、文字都幸蒙大家悦納，反應一向良好。現在三聯把原書綱目套色、加上插圖、間中還添了照片説明，應該對讀者更有用處了。

　　圖照永遠是文字的良伴。連《史記》這樣偉大的書，清儒章學誠也惋惜它有表無圖，後人無法知悉事物的形象，而且這個缺憾往往難以彌補。限於時代條件和個人處境，對司馬子長是不能求全責備了；怪只怪後人陳陳相因，不思更革而已！

　　《中國文化對談錄》出版後不久，筆者就移民澳洲，不覺又十年了！定居以來，一方面有更多機會，欽羨英文圖書早就如此豐富精美；一方面也喜見萬里之遙的父母之邦改弦易轍；文化出版事業也隨經濟發展而日益蓬勃。水漲則船高，船上的物品、零件，也隨之提升了地位。區區"小女"，不過是其中之一而已。

陳耀南
二〇〇四年聖誕節序於悉尼

序二

我素來相信緣份，人有人緣，書有書緣。我與陳博士耀南兄有緣，結緣以書始，大家一起當"開卷有益"讀書報告的評判，加上同鄉之誼，很談得來。教育署圖書館長鄺志雄兄向我提議，在"年青人書系"中要有一本談中國文化的學生讀物，最佳人選非耀南兄莫屬。我向耀南兄約稿，他一口應承，並在萬忙中抽時間寫成了這本有趣的書。九月十八日他親自把稿子交我，承他看得起，要我答應寫篇序，我也一口應承了，他接着就趕去作公開演説。每年"九一八"這天，他都發表激昂慷慨的演説，我很佩服他的愛國激情，由他來為香港學生寫一本談中國文化的書確是再適合不過了。

我應承了寫序，這可把自己難住了，我是最怕寫序的，但耀南兄盛情難卻，加上自己是始作俑者，要推卸責任也推不掉，只好硬着頭皮執筆。序可不是人人都寫得的，依我揣想，夠得上給別人的書寫序，當有一定資格，而我既非學者博士，又無什麼頭銜，加上好書當前，説廢話乃屬多餘。

説句老實話，耀南兄是著名學者，要他寫小文章是委屈了他，可是小文章並不易寫，小文章不同於大文章，必須平易近人，通俗易懂，並非任何大作家都寫得出來的。其實文章不分大小，只有優劣，擺在讀者面前的這本書，確是費了作者一番心血，寫得如珠如玉，絕沒有裝模作樣故作高深，使人望而生畏。相反，中國文化如此高深的題目，卻如談家常，娓娓道來，生動有趣。文章能寫到這樣一般境界，有賴於作者人生的觀照，透過對人性的理解，調和了智慧與感情，加上對中國幾千年文化的博聞多識，才能把這種文章寫得這般好，我相信如此説並非溢美。

我們作為中國人，一定得知道自己國家民族的文化源流，以人性良知為基礎的中國文化是經得起考驗的，讀這本書，不只能使我們懂得安身立命的準繩，可以使我們清醒一點，不至於在西方文明之前昏頭轉向，也能使我們的心境平靜一點，明白自己的依歸。中國文化本來就多姿多彩，作者為我們展開了一幅宏偉壯麗的圖卷，介紹了中國多元文化的景觀，有助於我們了解自己文化環境，眼光就不至於淺窄狹隘，心胸得以開放。

世界上每一個人都是在某一特定的文化環境中成長起來的，我們中國人雖然生活在香港或海外，都不會忘記自己是中國人的。我們常說要愛國，怎樣才是愛國？是愛某一個領袖或某一個政府，還是愛中國的壯麗河山、文化傳統？這將不是個修辭學的問題，而是我們良知的抉擇。耀南兄是個典型的愛國者，讀他這本書，當有助於我們思考，尋得答案。

這是一本好書，特向讀者推薦。涉筆至此，深感佛頭着糞，廢話已說得太多了，趕忙結束。最後，只好套一句陳腔濫調而稍加變通：是不為序。

杜漸

一九九一年十月廿四日

目錄

一、為 "文化沙漠" 喊冤

香港是"文化沙漠"嗎?

甲:真討厭!又有人說香港是文化沙漠。

乙:是不是他的詩集堆在書倉不能銷售,抑或某齣西洋歌劇的票賣得不理想?

甲:不知道。總之,香港教育那麼普及,書刊如此之多,怎可以說是"文化沙漠"?充其量說:某些精緻文化,曲高和寡。

乙:你的意思是:縱使有精緻與粗陋的高低不同層次,總不能說是像沙漠一般沒有文化?

甲:是的。——其實,連沙漠地方,有時也並非沒有文化,鳴沙山下,有佛窟的寶藏;戈壁旁邊,有樓蘭的故壘。

乙:不過,絲綢之路的興盛時期,那一帶地方絕不會像後來般荒落。我們都同意:在杳無人煙的沙漠,當然沒有——或者極少極少——文化;至於有人——我的意思是:現代人——有現代人長期居住的地方,有各種生活設施,就不能說是文化沙漠。

樓 蘭

西域三十六國之一的樓蘭在歷史舞台上只活躍了四五百年便在公元四世紀神秘消亡。過了一千五百多年,瑞典探險家斯文赫定於一九〇〇年三月二十八日發現了它的遺跡,轟動世界,被稱為東方龐貝城。百年來,樓蘭一直是中國乃至世界各地史學家研究和考察的熱點。

◀ 樓蘭

甲：對了，即使遠古的人，也有他們的文化。中國石器時代的半坡文化、仰韶文化；日本的繩紋文化、彌生文化，都是文化。

乙：那個時候連最簡單的文字也沒有，不要說歌劇、詩集。

甲：其實，文學也好，藝術也好，都只是文化的一環；文化，並不就等於文藝。

乙：當然。有些科學家從來不喜歡文學，我們可以惋惜他偏枯，但不可以說他沒有文化。

甲：是啊。即使識字不多、文章不好，也不懂得運用電腦，只要他通情達理、謹守道德，我們也不能說他沒有文化——即使他是如此自謙："我文化水平很低，請多多指教。"

乙：話又說回來：即使是什麼專業人士，如果談吐鄙俗、行為自私、不近人情，也會被批評是"沒有文化"。

> **繩紋文化**
>
> 距今約一萬年以前到公元前一世紀前後，這一時期的陶器表面上有繩索圖案，故稱繩紋時代。這一時期曾廣泛開展栽培、農耕文化交流、巫術等活動，是一段高度發展的文化時期。

> **彌生文化**
>
> 公元前三世紀，稻作文化傳到日本，青銅器與鐵器也同時傳至，改變了當地整個生活形態，這是彌生時代的開始。彌生時代約有六百年，即從公元前三世紀至公元三世紀。

什麼是"文化"？

甲：由此看來，所謂"文化"，應該是生活方式的整體表現。長袍闊袖，在四合院裡揖讓雍容，在藏經閣中談玄說佛，是一種文化；西裝筆挺，在哥德式殿堂裡論左辯右；號衣短褲，在運動場中競快爭高，也是一種文化。

乙：圍爐燒烤、火鍋、雞尾酒會、自助快餐，不同的進食方式，都是文化。

甲：古代中國要配合上天"春生夏長"之德，所以死囚要秋後處決。

| 甲骨文 | 金 文 | 小 篆 |

▲ "文"字的甲骨文、金文、小篆。

現時香港寧縱毋枉，審判疑點，利益歸於被告；被告在公開法庭控辯雙方爭議之中、陪審員與法官裁定之前，未算有罪。這都是文化的作為。

乙：是的。不過，我們推想下去，不斷舉例，可以無窮無盡——究竟什麼是所謂"文化"？

甲：我們是不是要替"文化"下一個定義？讓我到圖書館查查看——

乙：不要了吧？有兩位美國人類學家的大著，把"文化"的定義羅列了一百六十多種。前些時候海峽兩岸、以至香港、海外的中國或者華裔學者，分頭或者聚起來熱烈討論文化，那定義界說，也是多姿多彩。圖書館裡有的是資料，不過，我們現在是輕鬆的對談，不是嚴肅的學院研習，不如就稍稍進一步交換意見，看怎樣能簡潔而又明白地界說吧。

甲：好。讓我們顧名思義，先就字面想想。"文"是什麼？為什麼用一個"化"字？

乙："文"字的本來意義就是紋理，引申為一切有條理、有秩序、有美感的東西。"化"字是直立與倒立的兩個人，象徵重大的變化。

甲：對了，從混亂到條理，從粗陋到精美，這都是重大的變化。

乙：對人來說，從幼稚到成熟，從野蠻蒙昧到有科技、有制度、有禮義，這更是極大的變化。

甲：常言有道："人是理性的動物"，又說："人是社會的動物"，動物
性漸少，理性、社會性漸多，這也是可喜的變化。

乙：所以在中國古籍裡，"化"字蘊涵了"教化"的意思 —— 所謂"化
民成俗"，所謂"變化氣質" ——

甲：對了，孟子說："有如時雨化之者"：像及時之雨，潤澤滋養，使
花草樹木蓬勃生長，從一顆種子，變成姹紫嫣紅的異卉，變成亭
亭如蓋的大樹。

"文化"與"文明"

乙：你這樣說，我就想起"文化"在西方文字的對應詞，以英文來說，
Culture 也本來是"耕種"、"培養"的意思。

甲：Civilization 呢?

乙：Civilization 這個字的拉丁字根是"公民"的意思。"公民"
就要有教養，有擔當地參與社會生活，中文的對應詞是
"文明"。

甲："文明"一詞，其實也出於先秦古籍，是"文化燦爛光明"的意思。

乙："文化"與"文明"，說起來有點微妙的差距，但實在也不容易
分別。

甲：我們說："電視"是一種科技文明的成就；電視節目的製作方針、
電視從業員的行為心態，則是一種文化的表現。

乙：對了，"文明"好像是比較國際共通的，"文化"就似乎社群特色
強烈一點。我們說："工業文明"、"印第安文化" ——

甲：不過也可以說"工業文化"、"歐洲文明"。"文化"與"文明"，
也是常常混而不分的。

乙：我們還是先回到本題，替"文化"下一個定義吧。

人為什麼有"文化"？

甲：我們剛才說："文"是條理、美感，"化"是變化、教化；我們
　　又提過：人是動物，但是有理性、有社會生活，又不同於其他
　　動物。

乙：蜜蜂、螞蟻也有社會生活——

甲：不過牠們只是本能的、盲動的，並不像人類，人是自覺的、理性
　　的。人會思考：為什麼這樣生活？要怎樣才生活得更好？

乙：對。而且，似乎只有人類才有發達豐富的語言，可以交通複雜的
　　訊息，傳遞給下一代。

甲：後來更發明了文字，可以記錄人類世世代代以來的經驗、心得，
　　讓下一代可以再進一步發展，不必每一代都從頭做起。

乙：還有：人是唯一能夠長期站立的動物，因此腦筋變得發達，可
　　以騰出前肢，變成
　　大拇指與四指對立
　　的雙手，以掌握工
　　具、製造器物。手
　　與腦配合，於是創
　　造出軼禽超獸的
　　文化。

甲：我們是譜製着人類
　　的頌歌了。不過，
　　人類為什麼會有發
　　達的言語？為什麼
　　能夠直立？我們

▶ 兩河流域的蘇美爾人於公元前
四千年左右發明的楔形文字。

都說 "進化"、"進化"。究竟是什麼原動力令動物進化、令人類進化?

乙：有人說是因為勞動。

甲：牛馬何嘗不勞動? 蜜蜂螞蟻也是整天集體勞動。而且，是誰給予動物 —— 以至所有生物 —— 以本能，讓它們會得發芽長葉、開花結果? 讓牠們採蜜捕蟲、生兒育女?

乙：唉，再說下去，我們要進教堂或者佛寺了。當然，宗教、哲學，都是文化。

甲：是的。思想、信仰，決定了人類自覺的行動。人懂得用自覺的行動，去宰制不自覺的、非理性的行動，以追求快樂、幸福。

乙：而且人會探索：什麼是快樂、什麼是幸福?

甲：人更會用多種符號記錄個人的、集體的快樂與幸福的想法和經驗，以及正面或者反面經驗的情感反應。

乙：你是說：把宗教、哲學的理念落實為道德、法律、政治、經濟、風俗、禮儀、科學、技術，表現於美術、文學，並且記錄於種種文字 —— 例如典章、歷史 —— 以及非文字 —— 例如建築、雕塑?

甲：對了。我認為：這種種成就匯合起來，就是文化。

"文化" 的定義

乙：我們似乎可以下結論了。這樣說，你看好不好 ——

人類為了提升個人與社群的生活品質，在精神、物質各方面努力，表現為宗教、哲學、道德、法律、政治、經濟、風俗、禮儀、科技、藝術；其成績總和，就稱之為 "文化"。

甲：好，聽來真有點學術味道呢。照此說來，香港即使在開埠以前的小漁村時期，也早已有不錯的文化。說香港是"文化沙漠"的人，恐怕不一定到過沙漠，而且也沒有認真研究：什麼是"文化"？

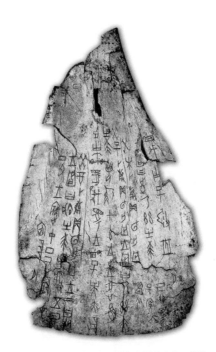

▲ 甲骨文　商朝人用龜甲和牛胛骨占卜，並且將占卜結果記錄於其上。

二、沙草、海洋、大陸

——文化類型的比較

不同的文化方式

甲：香港生活真好。英國式的法治、美國式的效率、日本式的奮鬥、中國式的人情溫暖。

乙：有道理。中西文化交流，華洋雜處。不過，我們也抹煞不了這裡也有英國式的狹隘虛憍、美國式的浮誇輕躁、日本式的緊張苛刻和中國式的含糊敷衍。

甲：任何生活方式都有好有壞，任何文化都有長有短。不過，我們生於斯、長於斯，習慣早已變成第二天性，而且中國人畢竟是中國人；中國人離開了中國文化的地方，就像魚離開了水——或者，至少，像海水魚被放進了江河的淡水。

乙：為什麼不說像江河的魚放進了海洋的鹹水呢？百多年來，中國好像顯得事事落後，許多行業要出人頭地，都先要放放洋，飲飲鹹水。

甲：這是一時的現象，長遠來說，我們總有信心，中國人會趕上去。

乙：當然。到那個時候，中國人對華洋差別，就更能以“平常心”來看待，不會自賤地崇洋，也不會自欺地自大。——話又說回來，香港以至台灣，甚至大陸，都不是唯一保存中國文化的地方，中國人現在已經散佈全球，有中國人聚居的地方，就有中國文化。而且，文化不是封閉的、不是一成不變的；人也不是魚，人會吸收學習、融會貫通，更會創造新境界。

甲：你的講法對我很有幫助。對了，中國人以前只知道期待和歌頌聖君賢相，而想不到立法、司法、行政應該三權分立；歐洲人過往也只熱心於鬥爭、征服、競爭生存。戡天役物，而不懂得欣賞中國古人所信的天人和諧、“萬物並育而不相害，道並行而

▲ 黃帝

不相悖"。

乙：文化是人類努力的結果，人不是神，人總有缺失、總有限制。你剛才也說過：任何文化，都有長有短。好在，文化會有接觸、有交流，文化會結合、會發展。我們還是要信賴人類的理性自覺，有捨短取長、融會貫通的能力。

甲：對。我們號稱"炎黃子孫"，炎帝神農氏與黃帝軒轅氏，就代表不同的文化。還有，傳說在他們之前的有巢氏、燧人氏、伏羲氏，也是不同階段、不同文化生活的象徵，隨着時間的洪流，匯成了太古華夏民族的文化。我想，中國文化與世界其他文化一樣，一開始都是不斷化異為同、積小成大的。

乙：是的，就是所謂匯溪流而成江海；現在是化海為洋，甚至星際接觸了。

甲：還是不要一個筋斗翻到太空，讓我們先回到地球、回到我們熟悉而親切的一角吧。中國上古文化，有北方與南方的對立與融和；中古以來，又與西域、天竺傳來的佛教文化接觸、結合；近代以來，則是接受西洋文化的挑戰與回應了。

乙：其實西洋文化也是自古以來若干支文化衝突、交流、融合的結果。古代希臘、羅馬文化和希伯來文化結合，形成西方文化的主流；而希伯來文化本身，又有西亞各種古文化的淵源與影響。

甲：古人說："東海西海，此心同、此理同"，人類的身心本質大致相同，為什麼有這些不同的文化？

乙：我看關鍵就在"大致"兩字。大致相同，即是難免小異。古人也說：“人心不同，各如其面”，人的天賦氣質，本來就有大同中的小異；就其異者而觀之，也可以說是千殊萬別，如俗語所謂“十人生九品”。不同的種族之間，也是如此。

甲：天賦的問題，我看只能請教上帝。人可以研究的，大概主要是生活環境。

不同生活環境形成不同文化

乙：動物，懂得適應環境；人更是如此。仁者樂山，智者樂水。近山，使人樸厚堅定；近水，使人靈活巧變。

甲：有道理。譬如同是古代中國，山區的秦晉文化與沼澤的荊楚文化即有不同；同在山東半島，濱海的齊和泰山腳下的魯又有差異。

乙：人的主體性也不可忽略，特別是那些智慧特別高、願力特別大的哲人，影響非常深遠。蘇格拉底為堅持知識的真理而慷慨赴死；釋迦牟尼為探究人生去苦得樂的究竟而毅然出家；孔子為重建倫理、發揚道德而奔走列邦、絕糧陳蔡。這些聖人，都是

▲ 飲鴆前的蘇格拉底

▲ 釋迦牟尼

不同文化的關鍵人物。

甲：對了，我們說過：信仰與思想
是文化的核心；偉大的哲人，
影響了這些核心的定位與方
向。當然，天賦的氣質、地理
的環境、哲人的倡導、時間的
流移、工具的改革、其他文化
的影響等等，都是形成文化特
質的原因，而這些原因之間又
互相關涉。

乙：人類生存所依的地理環境始終
較少變動。所謂石爛海枯，究
竟要極悠長的時間。地理環境
不同，生產方式隨之大異，文
化的重點和作為核心的價值觀

先師孔子行教像

德侔天地道冠古今
刪述六經垂憲萬世

▲ 孔子

念，也就有所差別了。海洋國家與大陸國家、農業民族與游牧
民族，他們的文化面貌的分殊，可以由此理解。

甲：說起來有趣：在遠古的石器時代，互相隔絕的無數小社群，他們
的原始文化是驚人地相似；現代國際交通貿易繁密發達，資訊
傳播便利，許多東西都趨於一致。但是，在遠古到現代之間這若
干千年，不同的文化卻有如此重大的差別。

文化的三大類型

乙：是啊。譬如說：北非、西亞地區，長期以游牧為生，產生了世界
大部分的主要宗教。

甲：南亞次大陸的印度半島，也產生了印度教與佛教，不過生產方式

與西亞有點不同。

乙：古代長期侵擾中國西北的戎狄、突厥、匈奴等等，也屬於這類。

甲：自從唐朝中葉所謂"河北三鎮"的割據之禍以後，中國的主要外患，就來自東北了。契丹、女真、滿洲，一脈相承，都是游牧騎射的民族。

乙：中國自古以來所謂"華夷之辨"，其實都是我們大陸農業民族與大陸游牧民族生活方式與價值觀念的差距。

甲：是的，不過到了晚清，所遇到"數千年未有之大變"的文化挑戰，就來自海洋了。

乙：當時以英國為首的歐洲強國，用議會民主統合內部，因科學昌明而產業發達，以利炮堅船攻侵非洲、南北美洲、亞洲多處作為殖民地，中國不幸也是受害者之一。

甲：那時的帝國主義者還自覺是上帝的寵兒，又奉社會進化論為真理，把侵略剝削行為看成開發教化，還說是"白人的負擔"呢！

乙：當然，他們的富強，也是其來有自。尊重知識、服膺自由、以商業為主要生產手段，很早就發展了民主和法制的理念。

甲：這個傳統，其實從古代希臘時期已經開始。希臘是一個海岸線極為曲折的南歐半島，東面隔着愛琴海，和小亞細亞半島相對，南面是地中海，與西亞的古以色列、巴比倫甚至波斯，北非的古埃及，距離不算太遠。航海通商，真是家常便飯。

乙：是的。敢於冒險、精於計算、勇於探奇，也因此成為民族性格。還有：每一艘船在汪洋大海中，每一個商戶在戰場般的商場中，都必須獨力奮鬥，這和平原大陸或者丘陵谷地的人，聚族而居，世世代代協同耕作，情況是大不相同的。

甲：不錯。可能就是這個原因，前者的興趣，在人對外間事物的好奇、利用與征服，因此開展了科學；後者的重點，在人與自然和他人的協合和諧，因此成就了倫理。

◀ 大舜耕田

乙：大海的風浪與大漠的風沙，都是起伏無常，而又關乎整條船舶、
整個營帳，甚至整個船隊、整個部族的安危生死，是不是因此而
導致宗教觀念特別濃厚？

甲：這一點，我沒有深入研究，不敢斷言。當然，中國人對宗教信仰
從來都是寬容而淡薄，這是人所共知的事實。

乙：我們剛才談到世界種種文化，似乎主要分為三型：以人與神關
係為主的"沙草游牧型"、以人與物關係為主的"海洋商業型"、
以人與人關係為主的"大陸農耕型"。

甲：這個分法有點道理。不過，我們對西亞、中東地區的文化實在
所知不多。

乙：對於南北美洲、非洲中南部、澳紐大洋洲等等地區的傳統文化，
更可說是一無所知了。

甲：是啊。有些人以為現代歐美文學就是世界文學，甚至以為西方
文化就是世界文化，這未免過分以政治、科技、經濟的優勢去

理解一切了。

乙：不過，近代以來，我們中國人所普遍感受到的文化壓力，確是來自歐美。所謂"歐風東漸、美雨西來"，早已成為濫調套語了。

甲：是的，事實與環境，迫在眼前，一般人也好，特別關心國家民族前途的學者也好，中西文化的異同問題，確是無處不在。

中西文化的初步比較

乙：我們看中國的群經、諸子，似乎都是人生境界的描繪和達到某些價值標準的方法。譬如《論語》裡面，談仁、說孝、討論君子等等，都只是說如何如何便是仁，怎樣怎樣才算是君子；並不像古代希臘的思想家，連篇累牘地爭辯討論一番，要先闡明某個觀念的意義。

甲：所以，中國古代的哲人都同時是實行者。言行不一，或者言過於行，在中國是很難受到尊重的。西方的思想家並不就是君子，而且也往往沒有自詡為君子，雖則他們理論的精闢深入，又確另有可佩之處。

乙：中國無論是孔孟之學也好，老莊之道也好，佛家之教也好，都把人生價值的根源放在人自己的內心。西方自從古希臘三大哲人起，都把價值的根源放在一個超越於現實世界之外的主宰上。蘇格拉底的門徒柏拉圖，認為"現實界"之上有"理型界"；柏拉圖的高足亞里士多德，又努力探索宇宙萬物萬象的最後、那個不為他物他事所動而主動一切的"永恆不動的動者"——換言之，即是最原始的原動力、第一因。這個觀念，後來配合了希伯來文化的獨一真神信仰，就成為二千年來西方文化的價值根源——上帝。

甲：難怪到了今天，許多中國人還相信：憑着良心，就不必信什麼

▲ 三教全神年畫

上帝；而教會的朋友又苦苦勸說，你想想：人的良心是從哪裡來呢？

乙：一個有趣的現象：西方民主議會政治最成熟的國家，都是基督教國家。《大憲章》頒佈以來九百年的英國，還是堅抱着虛君與國教不放。美國的總統徽章，甚至鈔票上面，還寫着 In God We Trust──"我們信賴上帝"。是不是他們歌頌、崇拜最高權威的本能，在宗教信仰上充分滿足了？而且，既然帝王將相，都不過是主內兄弟，彼此都有原罪、彼此都有缺點，因此，"以不肖之心待人"，正是應有之義，也因此，就有了周密的法律和民主的習慣。

甲：我想這可能有點道理。不過要再請教研究西洋政治史、哲學史的朋友。在中國來說，向來沒有絕對排斥其他信仰的"國教"，也沒有獨一無二的"真神"，滿天神祇，不過是人間朝廷的反映。偉人的死後成神、神的被貶或受命救世為人，都是常有的"事"。另一方面，三教既可合流，神、鬼、人也照樣服從同一的道德。至於天、地、人的溝通者、道德的最高表現者，就是那理想中的"聖君"和輔助他的"賢相"了。

乙：好在你說是"理想中"。在實際的歷史裡，這樣的聖君，從來不曾出現過，反而昏君、庸君，就史不絕書。

甲：當然，暴君也不算太多。

乙：暴君？一個就夠受了，何況，像秦始皇、明太祖、明成祖那樣，能力卓越、遺惡無窮的大暴君就不止一個。英明之主如漢武帝、唐太宗，晚年都有暴君的傾向，南北朝時代的小暴君，更有好多名。至於依傍那專制君主而作惡多端的封建勢力，什麼外戚、宦官之類，就連賢相良臣 —— 有時甚至連國君 —— 都一一宰了，東漢、唐朝、明朝的歷史還看不夠嗎？還有，清朝如果不是全盛時期雍正、乾隆的剛愎獨斷，不是衰敗時期那些帝皇的或者庸昧無知，或者闇弱無能，中華民族的命運，也不致坎坷如此！

甲：你越說越氣憤了。談到這個問題，凡是有血性、有正義感的中國人，都難免激動。或者，中國文化在政治方面的問題，我們以後再特別專門談論一番，現在還是先講講中西文化的差異。

乙：唉，差異？差異太多了！提起了清朝我就有氣。興盛時期，又閉關又禁絕西學；大門轟開了，上上下下還是如此醉生夢死。一再拖延改革的良機，弄到連日本也打不過，弄到如今事事落後。

甲：這也不能單怪清朝，歷史的積因，由來已久，不過碰到前所未有的文化挑戰，就左支右絀、弱點畢呈罷了。科技學術的問題，我們或者也要另外特別專談一次了。簡單來說，我們的傳統，着重人倫關係，因此特別崇尚道德，把知識、技能，甚至藝術、經濟等等，都貶居次位。儒家以外的道家、佛家，更以為追求物質知識是一種人生迷執。陰陽五行學說，又以簡單的觀察代替精密的實驗，以散漫的玄想代替嚴謹的推理。至於法家的反文化、反知識，更是後世愚民統治者的遠祖。諸如此類，都是中國雖

▶ 清·皇帝玉璽

◀ 清‧乾隆皇帝

有早發的科技成就 —— 例如四大發明 —— 而開展不出現代科學
的原因。

乙：中國人歷來似乎真是比較傾向於直覺玄想，所以在文學藝術上
有超卓的成就，邏輯思維就確乎比不上西洋。

甲：邏輯學在亞里士多德的著作裡就已經很有規模了。希臘人認為
對外的知識探究是理性的滿足，到基督教成為普遍信仰之後，歐
洲人又以認識甚至管理上帝所造的世界為人類的職責。這與中
國古人致力於內向反省本心，不想干擾自然，是大大不同的。

乙：話分兩頭：西人好分歧、講鬥爭、尚征服，二十世紀以來的世
界大戰，環境生態平衡的破壞，都是由此而致，而禍又及於整個
世界。

甲：還有過分強調個人而致的家庭崩析，以及由此而生的青少年問
題，也不容忽視。

乙：是的。早有學者說過：中國人看重天下、家庭，西方人看重個
人、國家。真是各有利弊得失。

甲：這次談得很長了，當然中西文化比較，這問題也實在牽涉太大。不過，我們要記得：文化是不斷發展、不斷變化的。以上所講，只是傳統的一個大概。經歷了本世紀的劇烈變化，許多傳統信念都紛紛動搖了。在中國，那變化尤其巨大。以後在這"地球村"中，我們彼此怎樣變化適應，怎樣共存共榮，就要看人們的智慧與努力了。

三、且看黃土躍人文

——中國文化的成型

中國文化的產生環境

甲：我們上次提過：生活環境，決定了文化特
色。我們要研究一下：我們的祖先，
生活在怎樣的環境？

乙：祖先？誰是我們的祖先？猿猴還是亞
當、夏娃？

甲：唉，不要開玩笑，也不要重開那
過去的爭執了——你不會像那位美
國牧師一樣，拴了頭猴子來吧？

乙：沒有，沒有。——好，我們是不是
從五十萬年前的周口店"北京猿
人"談起？抑或是一百七十萬年前
的雲南"元謀猿人"談起？

▲ 北京人復原胸像

甲：後來的發掘報道，同一遺址，還有塊左股骨是四百多萬年前的
呢！——我們都不是考古人類學家，也不必"上下而求索"了，
總之在東亞大陸這麼寬闊的空間，中國文化的"本土自生說"比
本世紀初外國學者的"西來說"更近情理，而且已有實物的證明
就是了。

乙：好，我們就從我們自己的"盤古氏"的"東亞育嬰院"的環境談起。

甲：唉，又有人要追究誰是那接生醫師、誰是院長、誰又是他們的
祖先了。

乙：好，我們暫時不講人，先只講地點。東亞大陸的東邊與東南邊，
是古人望之而興歎的大海洋；西與西北，是同樣難以逾越的窮
荒大漠；西南，是艱險崎嶇的橫斷山脈與世界屋脊——

甲：蜀山奇俠當年寶劍輕功都不曾練好，那時也走不過去。

乙：這次輪到你打岔了。好，萬千年來，中國文化就在這個環境之中發展。

甲：這個環境是大半封閉而又相當廣大，不易受外間影響而且自給自足。

乙：是的。事實上，所謂"中國"，古時真的只是地理名稱，就是當時所知的文化空間的中央地帶之意，即如古代歐洲人，以為世界四周是陸地，中間是地中海。

甲：古代印度人以為中央是其高無比的須彌山 —— 大概就是喜馬拉雅山吧 —— 四周是四大洲，互相之間都是海。

乙：古代各地的人，都只能憑本身的地理環境，自由地猜想。好，我們由歐洲經印度回到中國，在華北地區着陸吧。這裡是古代所謂華夏文明的發源地。

甲：黃淮平原是黃河的沖積平原，秦晉高原是夾着黃河的黃土地帶。

乙：你提了一連串"黃"字，現代人因西方習慣而以黃色為淫褻，中國古人以"黃"為中央的正色：大地是黃的，大河是黃的，文化始祖托始於黃帝。

◀ 黃土高坡　位於山西陽高縣的許家窯人遺址

甲：世世代代從蒙古高原吹來的風沙，混和了水份，變成了黃土。黃土被大河沖刷，年年泛濫，堆積成一望無際的平原，自從發明了農業——

農業與中國文化

乙：對，神奇的農業，神奇的栽培與變化，從種子、秧苗變成芳馥的香稻，變成可口的大米。

甲：你是受了后稷之託，要替神農氏或者周民族拍宣傳片了。神農氏也是開始使用草藥的氏族——或者是一個文化時代的象徵吧，就像有巢氏代表穴居或者樹居，燧人氏代表用火與熟食，伏羲氏代表畜牧，並且開始了婚姻之禮。

▲ 木雕三皇像　從左到右分別是燧人氏、伏羲氏、神農氏。

乙：軒轅氏是不是發明了車子？黃帝軒轅氏與炎帝神農氏是否曾經爭霸，又聯合打敗了蚩尤？

甲：形聲字是很後起的，我們要有更多證據才可以有把握地推想。古代神話有許多有趣而又矛盾的講法，現在暫時也很難論斷了。總之，後來中國人就稱為"炎黃子孫"，就像以色列人稱自己為"亞伯拉罕和大衛王的子孫"便是。——讓我們回到耕田的問題好不好？

乙：好。你說下去。

甲：自從發明了農業，農業離不開固定的耕地，離不開全家協力的勞作，於是，中國人就此世世代代地勤懇種田，繁衍子孫。

乙：我忽然又想起舊日中國家庭祖先牌位常見的對聯："心田先祖

▲ 神農氏嚐藥辨性

種，福地後人耕" ——

甲：這句話很有意思，但説來話長，牽連到修德積福，以及人性良知的問題上面去，要以後再説了。不過，田地多半是祖先傳下來的，要靠自己的努力，以及後代子孫的謹慎承繼。

乙：敬先祖、重宗法的傳統，就由此而來了。

甲：對。大地是偉大的人類母親，負載着所有人，供給所有人以食物。動物最後也是靠植物為生，地裡的、水裡的植物，都是大地之所產，大地產生植物，要靠天上降下來的雨露，要靠太陽溫暖而間歇的照射，因此古人又有"皇天后土"、"天父地母"的擬想。

乙：以"五穀"來説，又要人把天生的種子放入泥土，要人灌溉栽培，因此又發展出天地人為"三才" ——

甲："才"就是植物初生，引申為"剛才"、"潛能"、"材質"的意思。"三才"，就是宇宙間的三大要素。

乙：唉，你不當國文老師，真是浪費。——"三才"之中，人參加天地化育的工作，所以後來《禮記》〈中庸〉——《四書》之一的〈中庸〉——有"參天地、贊化育"的講法。

甲：其實老兄也有國文老師的職業性格。"參"，就是"參加原有的兩者，與之合而為三"的意思，所以"三"字的一個繁體寫法："叁"，其實就是"參"字，而"贊"是"協助"的意思，官職之中，有所謂"參贊"，香港西區有所"贊育醫院" ——

乙：我們不要咬文嚼字，越說越遠了。總之，古代中國人因此覺悟到
　　"人"的尊嚴與價值，又知道生存、生產要靠天靠地，也要靠人
　　自己的努力。

甲：對了，耕種生產，當然要"望天打卦"，也要努力耕耘，盡其在
　　我。不過，溫帶地區，特別是黃土沖積而成的土壤，與寒帶、熱
　　帶都不同，熱帶草木自然而然的暢茂，人午睡醒來，樹上的熟木
　　瓜已經掉落在身邊了。寒帶冰天雪地，寸草不生，只有溫帶黃
　　土，是"一分耕耘、一分收穫"。

乙：當然更要風調雨順。水少了，土地就乾裂；水多了，就變成泥
　　漿，禾稻也要給浸死。陽光也是如此，室內植物，要時時移近日
　　光；但日光太猛烈、太長久，又什麼都枯死。

甲：古代就有個神話：十個太陽並出，要英雄后羿彎弓射下九個。

乙：再下去，你是不是要說后羿的嬌妻嫦娥，偷吃了不死之藥而私奔
　　上了月亮。

甲：大概是夫妻不和，積怨已久吧。

乙：唉，家和萬事興，中國人早就從世代共居的農耕生活之中感悟得
　　到。自然，要風調雨順；家庭，要夫和婦順、父慈子孝、兄友弟
　　恭；總之，每人都有本分，每人都有所節制。天地的嚴寒酷暑，
　　人生的過柔過剛，都不是好事。

甲：難怪中國人喜歡講折衷、講協和、講中庸了。

乙：是的。農家種禾種菜、養雞養豬，都需要耐心，都要珍惜生命，
　　於是又有"悠久成物"、"天地之大德曰生"、"生生不息"等等
　　講法。

甲：五穀的種子都來自果實的內心，人一激動，心跳就加速；心跳一
　　停，人也活不成了，於是又把生命價值的根源，內歸到"本心"
　　上面。

乙：心是人的根本，人是文化的根本，天地因人的文化而有意義，因

此，中國古人有"人為天地之心"的講法。現代學者，也把中國文化精神，歸結為"人本主義"或者"人文主義"。

甲：唉，我一聽到"主義"就心跳加速了——什麼是"人文"？什麼是"人本"？

乙："人本"，就是以人的價值、人的努力為文化的根本——如果一切以神靈信仰為依歸，就是"神本"了。"人文"，就是以人的文化為價值。古希臘人以人的知識為文化價值，也是一種人文思想，不過他們神的信仰也相當發達，後來更配合了希伯來的一神信仰，就和中國的人文傳統大大不同了。

甲：我們說過：中國人向來不以知識為最高價值，最高價值是道德。

乙：中國的人文精神表現為倫理道德，也是因為農耕社會。世代聚族而居，協力生產，不講道德，就無從促進人際的親睦了。

人文精神的躍起

甲：後來的哲人，更把道德的根源歸結到人自己內心的平安、喜悅的感覺上面。當代思想家徐復觀教授指出：中國文化的尚道德、重人文精神的躍起，殷商與西周之間是一個劃時代的關鍵。他的朋友名哲學家牟宗三教授也大力推揚這個見解。

乙：所謂"躍起"，是蘊蓄了足夠力量，然後一跳而起？

甲：是的，民族的進步可能也像個人的進步一樣，那能力的提升往往不是斜坡漸進式，而是階級跳升式的，我們學游泳、學駕單車，都有類似經驗。一段時間總浮不起，努力，努力，然後忽然浮得好、划得動了，總是不能呼吸，努力，努力，然後忽然成功，於是游到浮台了；一段時間總要雙腳著地，然後開動單車，努力，努力，忽然就能騰身而上了。

乙：荀子〈勸學〉篇所謂"真積力久，則入"，朱熹《大學章句》所謂

"用力既久，一旦豁然貫通"，都是這個意思吧。——徐先生怎樣說？

甲：他的意思是：殷商政權曾經有偉大的創始者——湯，曾經是天下共主，曾經長期重視祭祀神鬼，就因為紂暴虐不德，失去民心——也就是失去天心，於是重蹈它的前一朝代——夏——的覆轍，被曾經臣屬的農業小國周所取代。周這個新的勝利者，並沒有趾高氣揚，並沒有志得意滿，反而不斷警惕自己，告誡子孫：要保持天命，就要保持民心，就要勤政愛民，修身敬德。充滿在《詩》、《書》兩經有關文獻，特別是周公姬旦的文告中的，都是這種"憂患意識"與"人文精神"，這便是後來中國文化的骨幹。

> **周公姬旦**
>
> 　周公姬旦（？至公元前一一〇五），姓姬名旦，周文王的兒子，武王的弟弟。因其采邑在周，爵為上公，故稱為周公。在周文王時，他就很孝順、仁愛，後輔佐武王伐紂，封於魯。但周公沒有到封國去而是留在王朝，輔佐武王，為周安定社會做出很大貢獻。

乙：難怪後來孔子要夢見周公了。

甲：是的。而且，我們今天所討論的中國文化因起源與發展的背景而具有的種種特色，後來都發揚於以孔孟為首的儒家思想裡。

乙：因此儒家就成為中國傳統文化的主流，而孔子也被尊為"集大成"的聖者了。

四、夫子與泥水匠

——儒家思想

孔子發現人性的光輝

甲：我們上次說過：殷周之際，是中國傳統文化成型的一大關鍵；
西周開國領袖所表現、所倡導的尚德人文精神，後來便發揚光
大於儒家。

乙：對了。承先啟後，是集大成的孔子。他在禮壞樂崩的當世，常常
想恢復文武成康那個時代的立國精神，所以常常夢見周公。

甲：是啊。從孔子上溯到周公，五百多年了。周公以憂患意識和人
文精神制禮作樂，營構了幾百年的安定社會，可惜到平王東遷以
後，進入春秋時代，情況就越來越壞了。

乙：許多制度，起初都是意良法美的。因為人性不免自私，人的智慧
又有限，即使大智大能的人，也奈何不了時代社會的變遷，到後
來，許多禮法制度，就形式僅存而精神盡失了。

甲：孔子就是想恢復周公創制立法的精神。他的先代是宋國的貴族，
而宋是殷商的宗親，所以孔子算是殷人後裔。不過他說過，周朝
以夏、殷二代為歷史鑑戒，禮樂文化非常豐盛，可見他還是認同
周朝了。

乙：當初，殷人尚鬼，有祭祀崇拜的傳統，他們的後人在周朝就以襄

▲《論語》殘頁

贊禮儀為專業。孔子少年時候，大概也學習過這類工作，曾經進入太廟，每一件事物、每一項儀式，都尋根究柢。

甲：是啊，有人懷疑甚至輕視，以為他無知；其實絕大多數人是僅知遵循儀式，為之不知其義，而好問善疑的孔子，卻能從"禮"的後面找出"義" —— 就是儀式後面的道理；從"義"的後面找出"仁" —— 就是作為一切義理基礎的仁心。

乙：好像是徐復觀先生，把"仁"解釋為"無限的同情心與向上心"，勞思光先生更乾脆説："仁"就是道德價值的自覺。

甲：這種內在的自覺心，對眾生的不幸會同情，對社會的不平會不安，對生命的價值會想提升向上，是人類道德行為的原動力。

乙：孔子更認為這便是人類文化的核心，所以稱之為"仁" —— 就像杏仁、桃仁是果子的核心一樣。有了這個內在的、心性主宰的力量，人就可以不必倚靠外在的神權，也不致牽墜到下面的慾海，可以俯仰無愧地開物成務，這便是人生的價值所在。漢儒把"仁"解釋為"相人偶也"，就是"二人"相處的最高原理，換言之，"仁心"是人際關係的基礎。

甲：這真是一種偉大發現 —— 對人性光輝、文化根源的發現。

乙：我們對發現外邊物質世界定律的科學家都如此敬重，對發現內在精神世界這個重要定律的思想家，就更應該敬重了。

孔子與儒家

甲：是啊，明白了這個道理，人就有所安身立命了。古人稱頌説："天不生仲尼，萬古如長夜"，以前有人就不服氣；又説儒家只是九流之一，不值得太過尊崇。這是一種不自覺的妒忌心，而且不了解儒家的廣大和崇高成就，以為並稱九流，儒家就應該與墨家、法家，甚至農家、小説家等受到同等看待。

▲ 孔門弟子守喪

乙：“儒”本來是“溫和的、有學問的人”，也就是現代所謂“文化人”
之意。因此，“儒家”也可以解釋為“文化人的學派”。

甲：照這個方式，我們可以說：

道家──全面歸服自然的隱士派

墨家──勞苦大眾的行動幫會

法家──專制君主的參謀集團

名家──名詞概念的專業研究者

陰陽家──天地變化抽象力量的想像家……

乙：這是漢朝初年的所謂“六家”了。那時天下一統，亂局漸定，要
綜合整理有史以來的學術，所以開始有家派的名稱。在晚周時
代，思想家都是以個人姿態出現，而且只有孔子和墨子的徒眾，
被稱為“儒者”、“墨者”。

甲：就所謂“儒者”看來，自己所信所守的那整套倫理原則，本來就
是所有讀書明理、認同社會、認同文化的人所應有。後來孟子
觝排楊墨，是因為楊朱的絕對個人主義和墨翟的極端集體主義
都不是兼顧個人與社會的文化人所宜為；唐朝韓愈攘斥佛老，

也因為釋道兩家否定文明、疏離社會的人生態度，太過消極。

乙：是的，當年孔子帶了一班徒眾，周遊列國——

甲：他們不是趁假期組織師生旅行團，而是希望有些執政當權者聽聽他們的主張。

乙：我們就比擬之為現代的"國會游說團"吧，可惜遭遇就大大不同了。

甲：聽說他們在"匡"這地方，因為孔子貌似匡人所憎恨的權臣陽虎，於是被圍困得幾乎不得脫身，受了一番驚恐；到了老祖家宋國，學生的哥哥、大軍閥桓魋翻臉不認人，要加害孔子；在鄭國，不知怎樣，與學生走失了，又疲倦、又飢餓，人家笑他像喪家之狗；在蒲，又碰上武裝動亂，幾乎脫不了身；到了陳蔡之間，攜帶的糧食都吃光了，又沒有人接待——

乙：總之，苦不堪言就是了。後來連唐明皇也寫詩慨歎說："夫子何為者？栖栖一代中！"——

甲：對啊，當時已經有不少人勸他，笑他——"你老先生何苦呢？這幾十年來這樣奔波勞苦！"特別是在南方，那些聰明而避世的隱士，更紛紛嘲諷他，或者好心地開導他。有人故意在他身邊唱歌，勸他不如及早歸去；有人警告他：政治是黑暗的、危險的，不要再癡心，不要再幻想。

乙：是的。《論語》〈微子〉篇就有好幾則記載。有人冷笑道：又不勞動，又不熟悉莊稼——"四體不勤，五穀不分"——怎算是青年導師？有人評論：天下烏鴉一樣黑，與其為避開壞人、尋找好人而跑來跑去，不如自我放逐地避開現實，不再對現實有任何寄望與幻想，等等。

甲：是的，不過孔子也答得好，他說：人是不可以和鳥獸共同生活的，人始終要和人在一起。我們可以對某些人失望，但何必對所有人絕望呢？你們說世事多變幻，努力未必就有成果；其實，正因為如此，才更需要我們努力。如果天下有道，世界光明，我們又何必改變什麼呢！

乙：這個"知命守義"的道理，孔子說得對極了，也懇切極了。現實黑暗，誰都知道，問題是不加改善就於心不安。

甲：記得學生時代，見過一本畢業同學錄的扉頁上面，有一句英文的格言：

It's better to light a candle than to curse the darkness.

"與其咒詛黑暗，不如點亮燭光"，這句話真好。青少年容易不滿現實，中老年人則往往灰心世事，其實最好還是"但須行好事，莫要問前程"，由少到老，"應做便去做"，一點一滴，現實才會逐漸變好。

乙：這也可說是"東洋西海，心同理同"，或者所謂"人同此心，心同此理"了。

人性與良知

甲：對了，這個所謂"理"，就是我們人性良知之中的普遍原則，這些原則，不論古今中外，甚至不待解釋教誨，只要是成熟的、心智健全的人，都普遍具備。

乙：是啊，所以誠實、公道、仁愛之類，從來都被認為是美德；欺騙百姓、屠殺人民，自然東西共斥，古今同憤。

甲：因此孟子就繼承孔子而有"性善"的主張。現實醜惡，誰都知道；人的動物性很可怕，誰都明白；我們以醜惡為醜惡，以可怕為可怕，這種由衷的感覺與天賦的能力，就是人之所以為人的特性，就是善良的根源所在了。

乙：現代青年守則，有所謂"助人為快樂之本"，就是說：幫助別人，自己有由衷的滿足感，這句話似乎已經得到普遍認同，而且真的

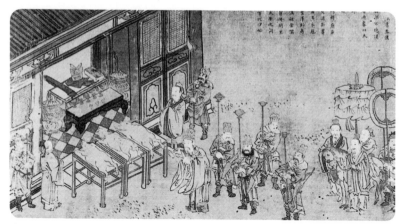

▲《劉邦祭孔圖》

不是一句偉大的空話。

甲：是的，人性固然不免自利自私，但無可否認也有利人利群的天
　　生衝動，否則，小而讓座給老弱傷殘、扶盲人過路，大而捐款
　　救災、毀家興學，甚至成仁取義、殉道殉國，那原動力從何而
　　來呢？

乙：對了，文天祥〈衣帶銘〉所謂“讀聖賢書，所學何事”，指的就是
　　這個發揮大仁大勇的最高境界。當然，我們不希望常常有“殺身
　　成仁”、“捨生取義”的需要，也不是太多人能夠如此。不過，除
　　了自己個人，還知道有他人，有社會；除了滿足自己，還會顧念
　　他人，這應當是所有人都應該明白、應該做到的。

忠恕之道

甲：不錯，近年有一句害人不淺的流行話：“人不為己，天誅地滅”；
　　其實，人如果只知為己，以至因而不擇手段，那麼，不等到天地
　　震怒，就先已互相誅鋤、共同毀滅了。

乙：因此，孔子所說的：“己所不欲，勿施於人”，真是人類有史以來

最偉大的八個字。

甲：為什麼用"不"、"勿"這些否定意義的字，為什麼不說："己所甚欲，亦施於人"呢？這不是比較正面、比較積極嗎？

乙：我喜歡辣，就把所有給人家吃的東西都用上大量的胡椒；我喜歡涼快，就把冷氣機和窗戶都開盡，這樣適宜嗎？

甲：恐怕喜歡吃甜頭、喜歡吃鹹吃苦的人，會先後罷食；怕冷、怕風的人，會聯合抗議了。

乙：對了，基督教《聖經》也說："你要人家怎樣待你，你也要怎樣待人"，我們不想被人強迫洗腦，我們也別要強迫他人接受我們自以為至高無上的某某思想、某某主義。所以，"己所不欲，勿施於人"，對防止紛爭、促進和諧，不是最基本的原則嗎？

甲：另一句孔子的話："己欲達而達人，己欲立而立人"，又怎樣解釋？

乙：這應該是自己和人家取得了諒解、協調，知道了人家真正的需要以後的事了。

甲：我想起了一句廣東俗語。

乙：什麼俗語？

甲："泥水佬開門口，過得自己過得人"。

乙：對啊，建築工匠造大門，過不了自己，又怎能工作呢？過不了別人，又開這門口作什麼呢？這比喻真的貼切生動、形象化之至。

甲：俗語和聖賢的金句，同樣可以印證說明一種文化精神之所在，文化精神，本來就表現在社會民生日用上面，儒家所謂"忠恕之道"，也是如此。

乙：對了。要人"全不為己，只為大眾"，這可能是強人所難，違背人情，更可能是別有用心的偉大空話；宣揚"人不為己，天誅地滅"又會把人類淪同禽獸；"既過得自己，也過得他人"，這是由孔子的學生到魯班師傅的門徒，都用得着的一句話了。

五、無法可治

——法、墨諸家的政治學

甲：上次最後你提到魯班師傅，聽説他和墨子舉行過模型戰爭大賽。

乙：對啊。他就是孟子稱之為"巧"的公輸般，是公元前六世紀末到公元前五世紀中魯國的一位優秀工匠和發明家。"般"和"班"字是同音假借的兩種寫法。《韓非子》記載：他曾經設計造成一具木鳥，飛上半空三天還不下來，墨子造的，三年才造成，飛一天就壞了。

甲：不過《墨子》記載：他替楚王造了雲梯，準備攻打宋國，墨子為了阻止這件事，和他在楚王面前，用模型模擬攻守，結果他用完了進攻的法寶，墨子還綽綽有餘呢。

乙：那這次是成功的"魯班門前弄大斧"了。墨子也真厲害，預先派弟子幾百人，帶齊真的守城用具，連夜奔宋，即使楚王把墨子宰掉，宋國也守得住了。

甲：照此看來，墨子主張"非攻"，確是有理論也有實際的。

墨子集團的努力

乙：他反對戰爭，因為服從上天的意志，他覺得：天意是要人"兼愛"的。

◀《墨子》

墨子卷之一

親士第一

入國而不存其士則亡國矣見賢而不急則緩其君矣非賢無急非士無與慮國緩賢忘士而能以其國存者未曾有也昔者文公出走而正天下桓公去國而霸諸侯越王勾踐遇吳王之醜而尚攝中國之賢君三子之能達名成功於天下也皆於其國抑而大醜也太上無敗其次敗而有以成此之謂用民吾聞之曰非無安居也我無安心也非無足財也我無足心也是故君子自難而易彼眾人自易而難彼君子進不敗其志內究其情雖雜庸民終無怨心彼有自信者也是故為其所難者必得其所欲焉未聞為其所惡而免其所惡者也是故偏臣傷君諂下傷上君必

▲《墨子》

甲：主張人與人之間互愛，這不是和儒家的仁愛之道相同嗎？

乙：儒家主張由親而疏，推近及遠，墨家主張愛他人的父親，就如愛自己的父親。

甲：這恐怕不大近人情吧？

乙：是的，就如他反對音樂，主張薄葬一樣，都是過分注重眼前的實用，不大合乎人情，這也是他的學說後來衰微的原因。

甲：那為什麼當初又曾經聲勢浩大？

乙：墨家其實是一班勞苦大眾、手工業家等，因為熱心社會服務而組織的行動團體。他們看不慣上層社會的禮儀繁瑣、奢侈浪費——根據《淮南子》，墨子當初是學孔子之道的，可能那

> **《淮南子》**
>
> 又名《淮南鴻烈》，西漢初年淮南王劉安及其門客李尚、蘇飛、伍被等共同編著。《漢書·藝文志》列《淮南子》為雜家，實際上，該書是以道家思想為指導，吸收諸子百家學說，融會貫通而成，是戰國至漢初黃老之學理論體系的代表作。

時孔子已死，孟子還未活動，一班儒者又漸漸只重形式，所以引起墨子的反對。

甲：儒者主張"推愛"是比較符合人情，不過，另一方面來說，人情總不免偏於所親所愛，在機關團體裡的用人行政，往往就受到"人情"和"裙帶關係"的影響，以不公不平代替用人唯才了。

乙：或者墨家正因為是一個行動團體，不是親族的結合，所以更抑"推愛"而崇"兼愛"吧。孟子認為：主張愛人家的父親和愛自己的父親沒有分別，就等於抹煞了養育之恩，和知有母而不知有父的禽獸沒有分別了。

甲：禽獸稍為成長就連母親也離棄了。不過這可能是天意，讓牠們不得不提早獨立生活吧。

孝與愚孝

乙：當然，人類是萬物之靈，懂得感恩報本，因此有所謂孝道，這應該也是天意吧。

甲：西方人就不大講這一套。

乙：《聖經》"十誡"也說："當孝敬父母。"

甲：中國人說："天下無不是的父母。"

乙：不是所有中國人都這樣說吧？這句話也不是出自什麼聖經賢傳──我也不知道最初是誰說的，即使說的是偉人名人，這也是一句糊塗混帳的話。

甲：為什麼？

乙：生兒育女只是生物本能，做了父母就可以"無不是"，那做聖人不是太容易嗎？

甲：是啊。即使並非只是"生物學意義"的父母，而是既慈且明的父母，但人誰無過？也不會"無不是"啊！

中國文化對談錄

乙：“天下無不是的父母”是一個全稱肯定命題。只要一個吸毒爛賭的父親，一個愚昧地要所謂“死諫”而連子女也毒死了的母親，這個命題就站不住了。

甲：舊日戲台上那些說白，什麼“君要臣死，不死是為不忠；父要子亡，不亡是為不孝”，我也非常反感。

乙：對啊。尊如君王，親如父母，也不能無故剝奪臣子的生命。生命的尊嚴是人權的基本。

甲：孔子孟子都沒有說過這樣的話，不近人情，違反人性。

乙：不過，“君為臣綱、父為子綱、夫為妻綱”，所謂“三綱”之說，又確是儒者的主張。

陰陽家與法家扭曲了儒學

甲：這種以君、父、夫為對應者的規範力量的片面道德教條，見於《春秋繁露》、《白虎通義》和荒謬迷信的緯書，是漢代儒學被陰陽家和法家污染以後的倫理主張。先秦儒學提倡的是相對道德倫理，所謂“父子有親，君臣有義”，所謂“父慈子孝，兄友弟恭”，所謂“君使臣以禮，臣事君以忠”，彼此都有權利、有責任，並不是一面倒的奴隸道德。

乙：陰陽家對中國文化的影響，着實不少。

甲：對。他們以天地、陰陽的理念作為人類關係的原理依據和價值基礎，君父與臣子，就像天尊地卑的差別。中國長期的宗法社會中，君父的權威與時俱重，這偏差的關鍵便是“三綱”之說。

乙：法家的影響又怎樣？法家不是主張“法律之前人人平等”嗎？秦朝亡了之後，漢代不是尊崇儒學嗎？

▲《韓非子》　由後人蒐集韓非遺著編成，重要
文章有〈五蠹〉、〈孤憤〉、〈顯學〉等。

法家的弊害

甲：先秦法家，從申不害、慎
　　到、商鞅到集大成的韓非
　　子，都只是以國家的最高統
　　治者為價值依歸，可以說
　　"法律之下人人俯伏"，但君
　　王是獨斷而專制地在法律
　　之上。韓非子尤其可怕。
　　他集合前期法家崇權勢、
　　用謀術、行嚴法的意見，擴
　　張了儒家荀子的性惡理論，
　　襲取了道家老子的陰謀主
　　張，構成了一套暢利動人的
　　學說——

乙：就像千百年後歐洲馬基維利的《帝王術》吧。

甲：對。所以秦王政——就是統一六國之後的秦始皇——見了他的
　　著作就大為喜悅，要發兵攻韓，來取得韓非子這個作者。

乙：不過韓非子還沒有好好地和他的知己暴君談論談論——就像我
　　們這樣談論吧——

甲：不要說笑，我們都不是秦始皇，更
　　不想做韓非。

乙：是啊，韓非的下場真慘，被老同學
　　李斯假傳聖旨，在獄中毒死了。

甲：法家的人，只知人性中醜惡的動
　　物成份，只知權勢，絕沒有仁愛的
　　襟懷，恐怕易地而處，要是固寵邀

《帝王術》

　　意大利文藝復興時期的政
治思想家、歷史學家馬基維
利，他就"如何做一個君主"的
問題，提出了一整套完整的"帝
王術"，並把它寫成一本書，
叫做《帝王術》。這本書歷來被
所有想當皇帝的傢伙視為"法
寶"。

◀ 韓非

恩的韓非先上台，也會把後來而可能居上的李斯弄死。

乙：李斯後來也不得善終，被趙高害死。

甲：有人説趙高也是法家，有人説他是趙的遺族，為故國復仇，所以弄垮秦朝的政治。

乙：唉，政治從來就黑暗、可怕；人又離不開政治。

甲：特別是秦朝肇建了統一的中國，國家機器龐大了，那無所忌憚、無所牽制的司機，每一個念頭，每一項行動，都可以決定當時千萬人的死生、後世億萬人的禍福，可怕極了！

乙：秦朝短命亡了，繼起的漢朝，雖説在武帝以後獨崇儒術，其實法家的陰魂始終不散，統治者更曾經明言：是雜用王霸之術。

甲：其實即使真的獨用儒家，甚至未被法家污染的儒家，對防止君主專制的罪惡，也沒有辦法。

乙：是啊。孔子對"君不君"，沒有提出什麼制裁方案；孟子主張"民貴君輕"，但是"民本"與"民主"，那距離還是不短；荀子和以後的儒者，在這方面都沒有什麼補充和發展。希望君主是內聖外王，但也沒有辦法使君主非如此不可，對君權的產生、轉移、限制，都提不出一套有效的制度。這是儒家思想以至整個傳統中國文化嚴重不足的地方。

甲：墨家呢？

乙：墨家以領袖為"巨子"，講究"尚同" —— 就是向上看齊。如果當政，墨家也是最高領袖的"凡是派"而已。還是苦口婆心，又講先王仁義，又講祖宗禮制，又講天道監察的儒家可取得多。

甲：道家呢？

乙：道家對政治根本採取否定態度。事實上，道家對整個文化，整個人生，都是散散漫漫、懶懶洋洋的。我們以後再說吧。

六、皇帝與神仙

——中國文化的困境

皇帝與神仙：眾生的迷夢

甲：俗語說得好："做了皇帝想升仙"。唉，其實人人都不免如此。

乙：人心沒饜足，上帝也沒有辦法。

甲：一神宗教，以人的自居為義，以人的自擬為神為最大的罪惡。舊日東方的信仰，卻是天人交通，只要有機會、有辦法，連貓貓狗狗都可以做神仙。

乙：是啊。《封神榜》的故事，熱鬧極了；《白蛇傳》的故事，淒艷極了。

甲：做了神以後的齊天大聖與關聖帝君，也威風極了。

乙：不過那位"皇帝"而兼"神仙"的玉皇大帝，似乎窩窩囊囊的，又沒有什麼過人的法力，又不見得特別精明，好在天將天兵都一貫精忠擁護，如來佛祖、太上老君等等，又在必要時"提供了無私的援助"，從來沒有人——唉，應該說，"神"——謀朝篡位，更沒有什麼宦官、外戚、藩鎮、朋黨。

甲：這些壞人都升不了仙吧。而且，如果做了神仙，還要當宦官，真是一無意義，二無

▶《百帝圖》(局部)

道理，三無樂趣。

乙：好在秦始皇和漢武帝都升不了仙，唐明皇遊月宮，旅行結束還是要返回唐山故土。

甲：更好在明太祖、明成祖兩位，可能在掙扎升仙途中，或者父子吵架、或者罪孽太重，半空掉了下來，否則這批霸主暴君上了天，又不甘寂寞，又不守秩序，一定弄得日月無光、天烏雲暗。

乙：許多神魔小說都是明代產物，而明朝是政治壞透、皇帝糟透的。這其間，恐怕有點關係。

甲：你不是想寫篇博士論文，弄個學位玩玩吧？

乙：唉，何必辛苦研究呢？還不是教書匠？最好是投胎之前 —— 如果真有投胎這回事的話 —— 看準地圖，查清族譜，做一個不必移民的富強國家的獨生太子。

甲：還當選為國際太子黨的黨魁。即位之後，以各國選美冠亞季軍為三宮六院，每年換班一次。金山銀海，取之無盡。百年歸老之後 —— 唉，最好是能夠不死 —— 就當他“任滿榮休”吧，升上天堂，接任為玉皇大帝。

乙：啊，不錯，不錯 —— 現在是晚上還是白天？幾點鐘了？

甲：其實，古今中外，恐怕人人都不免夢想如此。

乙：這夢想中間，有點“大男人”甚至“臭男人”意識吧？ —— 不過，這是一個政治問題、宗教問題、哲學問題。

甲：也是一個文學問題。

乙：做皇帝，是現實世界的最大滿足；做神仙，是想像世界的最高成就。

甲：當然也有人，“不愛江山愛美人”、“只羨鴛鴦不羨仙”的。

乙：最好是“醉臥美人膝，醒握天下權”，神仙做不成，也沒關係了。從來都沒有人真的當上神仙，能夠過過皇帝癮，也不錯了！

君主專制，萬惡之源

甲：其實回頭想想，皇帝又怎樣？你看李後主、宋徽宗，還不是在地
　　府之中，與法國朋友路易十六抱頭——唉，路易十六連頭也沒
　　有了——痛哭？

乙：做路易十四、做“秦皇漢武、
　　唐宗宋祖”之類就不錯。

甲：秦始皇又怎樣？一死了，屍骸
　　的臭味，還不是洋溢在《史記》
　　中？不到幾天，小兒子還不是
　　殺了大兒子，然後又胡作胡
　　為，斷送了他每天看公文看到
　　深夜、辛苦經營的天下？

乙：你說得也對。漢武帝、唐太宗，
　　還沒有嚥氣，就要親手迫死自己
　　的兒子。大富大貴之家，往往
　　連親生骨肉也不能信賴，真慘。

甲：如果能預見到靖康之恥、崖
　　門之禍，宋太祖一定後悔上演
　　《黃袍加身》、《杯酒釋兵權》那

▲ 秦始皇

兩場叫好又叫座的戲，其實都只是白費心機。

乙：如果能預見到土木之變、煤山之縊，明朝最先那兩個暴君也不
　　必如此心狠手辣。

甲：也難怪秦皇漢武，都想求神仙不死之藥，永永遠遠看守着自己的
　　江山。

乙：其實宋徽宗和李後主都很值得同情，如果他們只做畫家，只做詞
　　人，一定更有成就、更加快樂。

甲：最好是不能做、不想做皇帝的，不必、也不會做皇帝。做皇帝

黃袍加身

後周顯德六年（九五九），殿前都點檢趙匡胤，與禁軍高級將領石守信、王審琦等結義兄弟掌握軍權。翌年正月初，傳聞契丹兵將南下攻周，宰相范質等遣趙匡胤統率諸軍北上禦敵。周軍行至陳橋驛，趙匡義（趙匡胤之弟，後避兄諱改名光義）和趙普等密謀發動兵變，眾將以黃袍加於趙匡胤身上，擁立他為皇帝。隨後，趙匡胤率軍回師開封，脅迫周恭帝禪位。趙匡胤即位後，改國號宋。史稱這一事件為陳橋兵變。

杯酒釋兵權

宋太祖建立北宋後，惟恐握有軍權的武將篡奪帝位的事件重演，採納謀臣趙普之策，圖謀解除禁軍將領的兵權。建隆二年（九六一）七月，他藉宴飲之名，召集擁戴他稱帝的禁軍高級將領石守信、王審琦等。席間以"君臣兩無猜疑，上下相安"為由，採用賞賜良田美姬為誘餌，逼諸將交出兵權。諸將領皆請求罷免中央軍職，終由皇帝直接控制禁軍兵權。史稱宋太祖此舉為杯酒釋兵權。

的，要事先考核及格，要有任期、權力要有限制；幹不好的，老百姓有合理的方法可以把他拉下台。

乙：你這番話幸好是在清朝亡了才說。不過也實在應當如此，當然，這樣一來，想做皇帝的人，定必大大減少，寧願辟穀修煉，學做神仙了。

甲：中國古典小說戲劇裡面成了正果的神仙，都很有道德、很自制；一旦不甘寂寞，就會墮入魔道，"千年道行一朝喪"了。

權力必須制衡

乙：這可說是古人的理想。因為現實政治中，"權力使人腐敗，絕對權力使人徹底腐敗"的例子實在太多。

甲：是的。說這句名言的、二十世紀初的艾克頓勳爵，表現了非常超卓的政治智慧與歷史見識，實在替英國文化大增光彩。我們中國古代當然也有"四時之運、功成者退"的哲理，可惜任何人有了權力地位就都不想放，永遠覺得：還多等一會吧，前面還有更大的成功。

乙：大人物一念之轉，往往就澤及後世，或者誤盡蒼生。華盛頓以開國元勳，連任一次元首，就功成不居，並且幫助傑弗遜成立可以發生對立、有制衡作用的政黨。不學無術的袁世凱，從清廷、從孫中山那裡騙到了權力地位之後，就要做終生的皇帝。後來政治界，以至其他各界，又有無數繼起的小袁世凱，我們中國真是何其不幸！

甲：人的因素，也決定於文化泥土。二次大戰期間的英國邱吉爾、法國戴高樂，蓋世殊勳，功甫成而身不得不退。他們的制度，他們的傳統，最重要的是他們的國民文化性格，令他們不得不如此。

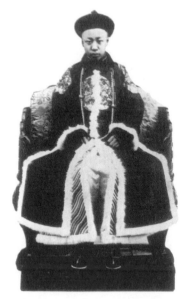

▲ 溥儀　中國歷史上最後一位皇帝

乙：是啊，但並不是許多人可以學華盛頓，也並不是所有人都具備華盛頓的個人氣質與文化背景。沒有一種上下奉為理所當然的社會習慣與制度，人很難克制權力慾的無限膨脹。你看許多所謂民主鬥士，在野之時滿口"人權"、"自由"，一旦當權——甚至還在在野黨派開會之時——那專制獨裁、排斥異己的手段，比上一個執政者還要厲害。

甲：所以孟子說："不仁而在高位，是播其惡於眾也"，古往今來，例子多不勝數。

乙：他又說："徒善不足以為政，徒法不能以自行"——法律制度，也要人去設計、去執行，而人也得依靠法制作為工具。

甲：而且法制訂立以後，設計者、執行者自己也要守法。孟子如果生在今日，一定會加倍強調這個意思。"人治"與"法治"本來各有優點，現在我們談起中國文化，總説人治太多，法治太少，就因為歷來"和尚打傘、無髮(法)無天"的人太多了。

乙：這些人之中，還有不少被推為偉人、豪傑呢！

甲：許多人以為"有治人、無治法"，人始終比法重要；制度是死的，人是活的。交通警察會隨機應變，交通燈只會按分秒時刻，"顯以顏色"，路牌、斑馬線，更只會死死地站在路邊，躺在路上。

乙：不過，警察會貪污、會徇私，交通燈、斑馬線則不會。

甲：最重要還是執法者自己有守法的自覺。中國人一句老話："立法嚴，行法恕"，這個講法實在有太多流弊。

乙：對啊，立法多如蜂窩裡的針，執法隨着當權者的心；有法不依，寬緊隨意，許多中國人的地區，或者國家政治搞不好，或者城市交通搞不好，都是因此而致。

甲：香港是中國人為主的地區，新加坡也是華裔佔了多數的地區，似乎都是"立法慎、守法嚴"，所以情況比較好。

乙：單看市面的交通秩序就好得多了！

神仙與生死問題

甲：還是做神仙好。不必走路，不必駕車，更不怕塞車。特別是我們中國的神仙：西方的要長對累贅的翼，中東的要帶張用完之後少不免要捲起來的氈；我們的神仙，一招手，就騰雲駕霧，到了目的地，"揮一揮衣袖，不帶走半點雲彩"，瀟灑極了，逍遙極了。

乙：他們是要苦苦依法修行幾百年、幾千年，才得成正果。成了正果之後，神通比凡人大得多，不過還是要守天宮的法，一個不小心，還會折損道行，甚至打下凡塵呢！

甲：神仙下凡，貶謫期滿，還是可以返回天上。——不過，話又説回來：世上有沒有神仙——甚至，人死後有沒有靈魂——都是未知之數。

乙：更想深一層，人和其他生物，為什麼都有生有死？生生死死，究竟有什麼意義？這從來沒有為人所普遍接受的解答。

甲：當初儒家思想就因為看重現實人生，沒有解答。於是，道家以哲學想像來解答，佛教用宗教信仰來解答，現代由西方傳來的基督教，又用一個超越的神靈來解答。

乙：是的，究竟什麼才是真正的答案，就要看各人的信仰了。

七、太空人的觀點

——道家思想

甲：古人的詩："欲上青天攬明月"，這個夢想，以往只有神仙能夠做到，現在不是了。

乙：是啊，太空科技，無比神奇，聽說嫦娥也吩咐吳剛暫停伐桂，要趕看樓宇地產廣告，準備搬家了。

離開了"地球習慣"的"太空觀點"

甲：是嗎，嫦娥的芳齡與太空人的年歲，差距是大了一點。不過，我覺得有趣的，是當年他們拍回來的地球照片。人造衛星也好，太空船也好，從各個角度繞着地球，就像電子繞着原子核。拍回來的地球景象，也不是我們常見的地圖所能比擬。

乙：怎樣？

甲：有一幅我印象最深的，太空人在太空，在無重狀態下浮游，遠處的小地球，雲煙繚繞，藍藍白白的，上面海陸分明，奇怪的是形狀並不像平時地圖、地球儀上面所見。

乙：形狀怎樣？

甲：細心一看，原來尖尖向上像個梨的，是倒轉了的南美洲，愛斯基摩人和從香港移民而去的加拿大多倫多華人，都聚居到地球底部了。

乙：哦，真有趣。—— 不過，美國加拿大在上，智利阿根廷在下，只是我們的一種習慣。或者，世界文化絕大部分發展在北半球，北上南下，便似乎成了理所當然。

◀ 地球

其實，地球是圓的，空間又無邊無際，北極的熊，南極的企鵝，彼此都頂天立地，又何必同時指控對方上下顛倒？

甲：對啊，正如所謂"發現新大陸"，只是歐洲人本位的説法。

乙：記得幾年前我第一次到澳洲旅行，在雪梨機場買了一幅怪地圖，用的是常見的麥卡托投影法，別致的是：澳洲那凹凹彎彎的"底部"，竟然翹上了高空，什麼西伯利亞，什麼格陵蘭，什麼挪威瑞典，一律倒過來，堆在地圖的下方。

甲：我在奧克蘭，也見過一張類似的紐西蘭版地圖。可能他們不服氣長期被稱為"down under"吧，所以"人民大翻身"，造了這個開玩笑的地圖。

"標準"是相對的

乙：其實他也很有道理。很簡單：一個課室，對學生座位來説，是黑板在前，門口在右；對教師席位來説，是門口在左，而黑板在後。地板上的蟑螂，背向着天花板；天花板上的螞蟻，背向着老師與學生的人頭。你看：前後、左右、上下，何嘗有絕對一致的標準？所謂標準，何嘗不是決定於觀點、左右於角度？

甲：對了，我想起大文豪蘇東坡那首著名的詩：

橫看成嶺側成峯，

遠近高低各不同。

不識廬山真面目，

只緣身在此山中。

從平常的眼前所見，刻劃出超卓的哲學省悟。我們在香港島，看對海的群山、飛鵝嶺、獅子山，一列起伏岡巒，像穩重的屏風一樣隔開了沙田與九龍；如果從飛鵝山下，轉過去西貢那個峽谷，斜望過去，尖削嵯峨的山峯，就真像要破空而上了。港島的山也是如此,從海港正望太平山,那形象是人人熟悉的,坐港澳水翼船從西南角回航望過去,或者坐飛機從南轉西再轉北降落啟德,所見的太平山,形貌又大有不同了。

乙:隨着你所說,我的眼前真是浮現着一幅幅不同的圖片了。是的,一切差別、分歧,都是暫時的、片斷的;所謂正反,所謂是非,所謂美醜,所謂對錯,真可以說並非四海皆準,也不是一成不變。

甲:是嘛。某某小姐美目巧笑,傾國傾城,真所謂沉魚落雁 —— 其實,魚見了她便慌忙潛進深水,雁見了她便失重墜下,可能就因為覺得她醜怪可怕。

乙:對啊,蒼蠅蟑螂,醜惡污穢,令人一提起便覺噁心;就牠們的同類異性看來,卻正是俊俏風流,令牠神魂顛倒。

甲:因此,有些聰明人就主張:任何標準,都不必執著;任何目的,都不值得努力;任何是非,都不值得計較。

乙:"人算不如天算,天算不如就算"。

甲:對了。所以,他們勸人"看開些"——看開了,和現實保持一個距離地、超然地看開了,一切高低不平,差別就不那麼顯著,甚至可以說沒有差別,人就可以容易些心平氣和了。

乙:這好像便是柳宗元因黨爭失敗而貶謫永州,登上了西山,下望塵寰所見到的境界。一切怨憤不平、憂懼不安,都暫時淡化了。

大道無邊,人類渺小

甲:試想想,由太空下望地球,大雪山和大峽谷的高低差別,又算什麼呢?在這小小的星球上面,為了什麼教條信仰而爭得頭破血流,又有什麼意義呢?

乙:莊子有一個寓言:有"蠻"、"觸"兩個超級大國浴血苦戰,伏屍百萬,原來只不過各據蝸牛的一角,就自以為是國際集團的兩大

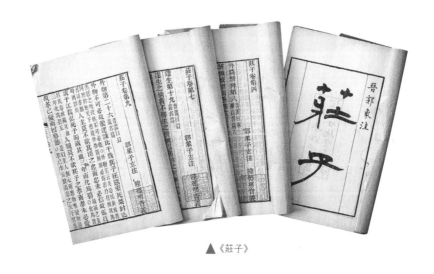

▲《莊子》

盟主，為爭世界霸權而纏鬥不休了。

甲：其實兩大戰國，只不過是蝸牛兩個角上一個小點，而爬得慢慢、
分分鐘給人踏成肉醬的蝸牛，又只是大草地上的一小點。當然，
大草地又只是地球上微不足道的一塊，地球又只是宇宙間的微
塵一點。

乙：難怪太空人登陸月球，要唸《舊約創世記》了。佛家也説三千大
千世界，地球只不過恆河沙數的一顆微粒。《莊子》書裡，用了
許多想像超奇的寓言，發揮的都是宇宙無窮，人類渺小，人的所
謂才智、所謂作為，都是庸人自擾而已。

甲：你剛才所説"蝸角蠻觸"之爭，讓我想起一則類似的唐人小説：
有人倚在大樹旁邊午睡，恍恍惚惚成了槐安國的駙馬，帶領百萬
雄師，征服鄰國，享盡榮華。怎知捲入朝廷政爭，煩苦不堪，公
主也死了，於是被迫逃亡，一切功名富貴，立即成為泡影——驚
醒過來，原來自己所倚的槐樹腳下，黃、黑兩窠螞蟻，正因敵我
矛盾而作生存鬥爭；剛才的自己，就是其中一分子！

乙：人生如夢，夢似人生，二千多年前的莊子，早就説得很通很

透了！

甲："莊生曉夢迷蝴蝶"，"百歲光陰一夢蝶"，人在夢中化為蝴蝶，也不錯啊。

乙：新詩作家，台灣的周夢蝶，一定同意。當然，最要緊是能化回人類。而且，當初不要化為蟑螂。

自然常變，一切達觀

甲：唉，你還不是全心全意聽莊子的話。莊子說"道在螻蟻"，"道在屎溺"，一切存在都各有本身之理，都是大道的一種表現，無所謂優劣，無所謂美醜。所以，人死了，是一種形式轉移，謂之"物化"。

乙：唉，李林甫與李太白、楊貴妃與楊藩，同樣"物化"。

甲：誰是楊藩？

乙：章回小說《薛丁山征西》裡的番邦大將，非常醜怪。他癡戀樊梨花，樊梨花卻醉心於"涉外婚姻"，愛上了俊俏的天朝小將薛丁山。

甲：後來怎樣？

乙：薛丁山起初不願意，糾糾纏纏，樊家的父母兄長都間接給累死了。最後樊梨花成了薛丁山第三名太太，輔助他征西，生下了薛剛，闖下了大禍，給唐朝全家抄斬。

甲：唉，女孩子癡戀"上國"男兒，忠臣良將效忠於朝廷王室，最後的結果都是悲慘地集體"物化"。

乙：你當他是"物質不滅定律"之下的"氮素循環"吧。"落紅不是無情物，化作春泥更護花"，這樣看來，就坦然了。

甲：或者是吧。天地間一切自然變化、人事變化，都是無可預測、不可避免的，與其喜樂或者傷心，不如像你所說，坦然處之了。

乙：人生不如意事十常八九，所親所愛者逝世，尤其傷心，所以要"節哀順變"、"修短隨化"。

甲：就像無知覺也無言語的木頭，把它雕為聖像，也不欣喜；把它削為地板，也不傷悲。

乙：同是地板，沒有人踏到的一角和門口走廊一帶，就大有差別，不過這差別是不必執著的。又如金屬，給鑄成干將、莫邪、越王寶劍，或者墊馬路泥穴的鐵板，都悉隨尊便。如果又抗議，又歌唱，人們早就把它當作不祥的妖物了。

甲：這大概也是莊子的寓言之一了。由此說來，分辨木材、金屬性質與用途的知識，實在沒有真實意義了！

一切"標準"都沒有意義

乙：照莊子看來，一切知識都沒有真正意義：因為一切都有限、一切都在變，今日的胡言，曾經是昨天的真理。

甲：由此推論：前年樹立的銅像，明年不免被打倒；三天前的政變英雄，就是三天後的賣國奸賊。連道德、法律之類，那是非也難有定準了？

乙："成者為王，敗者為寇"，俗語早說得好；"竊鈎者誅，竊國者侯"，莊子也諷刺得真實而且沉痛。道家常常嘲笑儒家天真——你以為"孔子修春秋"，真的可以使"亂臣賊子懼"嗎？大奸巨惡，早就熟練於竄改歷史！

甲：這樣說來，人類一切文化努力，都是無謂的了？

乙：我們當然不希望如此，不過，就莊子之徒看來，卻不能不說確是如此。一切都不必着力，也無可着力，一切都沒有真正意義。

甲：就像太空人不知道自己為什麼會浮游在太空，也抓不到那條連繫太空船的繩子？

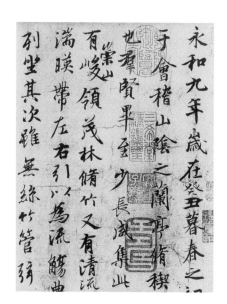

▶ 王羲之《蘭亭序》

乙：對啊。

甲：那真是最大的、連眼淚也哭不出來的悲哀啊——雖則他們表面是表現得如此玩世不恭、達觀灑脫。

乙：作為所謂萬物之靈，對於人類真不知是好事還是壞事，靈性越高的人，似乎感覺越敏銳，哀樂越強烈。王羲之《蘭亭序》，就說生死問題使人興盡悲來，連"一死生，齊彭殤"的莊子之學，也不能消解了。

甲：莊子否定生死、壽夭、是非、善惡等等的差別，他究竟肯定什麼？

乙：可以說，只肯定"並不肯定什麼，也並不否定什麼"的那種逍遙自得、觀賞萬象的境界，一種情意恬適的境界。

甲：好像大多數中國音樂、中國繪畫的作品，所呈現的境界，就是如此。

乙：這個問題說來話長，或者以後再進一步研究吧。

八、漁樵的閒話興亡

——道家與中國文藝

逍遙自由：道家的境界

甲：我喜歡養熱帶魚。

乙：我通常養金魚，便宜一點，輕紗般的鰭、款擺輕搖，姿態好看極了。

甲：當然熱帶魚的顏色、樣貌，是更多姿多彩。

乙：不管如何，忙亂煩躁的時候，偶然看看牠們游泳往來、逍遙自得，實在是一種樂趣。

甲：不過要小心處置兇悍的魚，魚的大小也最好不要相差過遠，大魚吃細魚，魚缸與海洋有時並無分別。

乙：小缸養大魚、一個缸養太多魚，都不大好，活動空間太小了，看起來不舒服。

甲：有人更認為殘忍呢。我一位世伯，就從來不用缸養魚，更反對用籠養鳥。

乙：古人有一句很雅的話："譬如池魚籠鳥，有江湖山藪之思。"多年前我在動物園見到一個大鐵籠裡、假樹枝上的一頭蒼鷹，仰首凝望着天上的同類在自由飛翔，好像茫茫然很悵惘的樣子。

▶《觀瀑圖》 南宋・馬麟繪

▶ 竹林七賢

甲：因為海裡的活魚比池裡的養魚健康得多，所以也好吃得多了。
你剛才那句話，好像是晉朝人說的，那時莊子思想流行，人們格
外重視性靈的逍遙自得。

乙：魏晉時期流行人物畫，所謂"曹衣出水，吳帶當風"，畫中的人
物，都是緩帶輕裘，衣袂飄舉，一副不食人間煙火的神仙模樣。

甲：後世雖然改變為以山水畫為主，但畫中的人物，仍然是寬袍闊
袖，有人還說國畫沒有時代感呢！

乙：這是外行人的話。要忠於現實，不如拍科學照片好了。

甲：不是通緝照片、解剖圖片吧？

乙：連藝術照片都必然經過特別處理，何況繪畫呢？簡單、古樸而
寬鬆的衣服，代表最起碼、最少束縛的文明，這樣才與山林皋壤
的情韻相配。當然，中國畫也有朝衣朝冠，鬚眉畢現的。章回小
說的繡像，民間的年畫，也有舞斧弄刀、大紅大綠的。不過，高
格調的畫，尤其是所謂文人畫，都是筆畫清疏，意趣空靈，幾筆
梅蘭菊竹、淡墨山水，充分表現道家的逍遙意趣。

甲：對啊，中國畫很注意留下空白，所謂"虛空處有靈氣往來"，沒
有着筆的地方，也是整幅畫的一部分，與西洋油畫填得滿滿的畫
法，大不相同。畫中人物，如果有的話，也多半是漁夫、樵子、

高僧、隱士之類，瘦瘦的、飄飄欲仙。如果穿上西服、神態嚴肅緊張地在操作電腦，那才滑稽呢？

乙：漁、樵、高僧、隱逸，都棲息於山林，和大自然接近，更能體現莊子的理想境界。

"漁樵話興亡"的意義

甲：特別是漁夫、樵子，代表平凡而與世無爭的小人物，所以古來的詩、詞、戲曲、小說，常常以他們來閒話興亡，為英雄人物的虎鬥龍爭而終於逃不過時間淘汰大發感慨。

乙：是啊。元代馬致遠的〈秋思〉說得好：

　　秦宮漢闕，做衰草牛羊野。──不恁漁樵無話說。

　　縱荒墳、橫斷碑，不辨龍蛇！

甲：《三國演義》開首那闋楊慎原作的詞也寫得淺白：

　　滾滾長江東逝水，浪花淘盡英雄，是非成敗轉頭空。

　　江山依舊在，幾度夕陽紅。

　　白髮漁樵江渚上，慣看秋月春風。

　　一壺濁酒喜相逢。古今多少事，都付笑談中！

◀《松下高士圖》
南宋・馬遠繪

乙：不錯。秦皇漢武、唐宗宋祖，"固一世之雄也，如今安在哉！"
　　令蘇東坡在《前赤壁賦》裡心生感慨的曹操，也和他前前後後的
　　英雄人物一樣，似乎戰勝了一切，卻戰勝不了自然的規律。

甲：是啊，你看大人物的銅像，鑄造了、豎起了，又倒下了、槌碎了；
　　政權的歷史，鋪排了、歌頌了，又改寫了、唾罵了。

乙：難怪"歷史"英文叫做 History，真是 His-Story —— 他的故事。
　　"故事"如何，只看"他"是誰。

甲：你又開玩笑了，信仰一神的會解釋，大寫的 His 就是"祂"
　　的 —— 祂的作為、祂的啟示。

現實世界的靜觀者

乙：《漢書》〈藝文志・諸子略〉根據劉歆之說，說"道家者流，蓋出
　　於史官"，真有道理。歷史讀多了，有些人歸納為許多教訓，另

外有些人，就懷疑一切教訓，嘲笑一切努力，於是變成莊子。

甲：據說老子本來也是掌管歷史檔案的官，歷史看多了，就像人老了，閱歷太多了，就容易厭倦一切。

乙：是啊，從歷史看來，以至從整個人類、整個自然看來，一切都永遠在變，人的形軀、知識、道德、法律，都不是永恆，都不能獨立 —— 獨立、永恆的，只有那超越一切的"大道"。

甲：難怪道家被稱為"道家"了。照他們看來，"道"是偉大的，人太渺小了，根本不配作什麼，也不能作什麼。

乙：唯一能作的，只是"萬物靜觀皆自得"，只有逍遙觀賞的心靈，才是真正自由自在。

甲：所以，道家是現實世界的靜觀者、自然的歌頌者，這種態度，最足以成就亂世的文學。

道家與文藝

乙：亂世，一定政治黑暗，一定壞人當道。自以為識時務的，便去寫"遵命文學"；不肯屈服、要另造新天新地的，便去寫"革命文學"；不敢革命而又不願遵命，無力自救而又無意自殺的，唯有"入山唯恐不深，入林唯恐不密"，親近自然，吟詠情性，寫寫"認命文學"了。

甲：魏晉六朝的山水文學，元代的頹廢散曲，二十世紀三十年代林語堂、周作人的創作，以及他們所推崇的晚明小品，都是這類。

乙：對啊，他們都是太聰明了，報國雖然未必無路，請纓實在無心，精神沒有健康的出路，唯有"以自我為中心，以閒適為格調"，"據牛角尖負隅以終身"了。

甲：他們覺得這樣才能保存自己的性靈，而性靈是文學的最重要因素。

乙：儒、墨、法各家，都標舉共同軌範，莊子卻歌頌自然，發揮個性，難怪對藝術最有幫助，藝術之所以為藝術，就在創作態度，是無所為而為，創作的原動力和結果，是表現獨特的個性。

甲：不過，如果一切都無所為，一切都只有所謂個性，人家的休戚痛癢，一切與我無關，那熱心世事，要改變現實的人，就會罵他們的作品，不過是"有閒階級的小擺設"，將"屠戶的兇殘"，化作人間一笑而已。

乙：周作人所謂"載道文學"與"言志文學"之爭，是沒完沒了的。其實"載道"也可以載老莊之道，"言志"也可以言救世之志，這兩個名詞，也都是相對的，姑且借用罷了。

甲：載道也好，言志也好，只要感情真摯、技巧超卓，都可以是好文學。一定說"只有表現個人性靈才是文學"，即如說"文章一定要代聖賢立言"，都是經不起思考的。

乙：不過，載道文學——或者說，"文字"吧——容易流於遵命而為，或者另有目的而為，因此容易虛偽，變了不是文學，也是事實。

甲：話分兩頭說：魏晉六朝的文學，背離了儒家的傳統，不大講"以善為美"，而提倡"以美為善"，內容趨向個人的任情、超世的幻想，形式追求詞藻的悅目、音律的動聽，日子久了，作品濫了，也一樣成為病態。

乙：我覺得：人最珍愛自己，人最想舒展個人的才性，這是出於自然；但是，人也有不甘社會長期黑暗、眾生永遠受苦，而想有所作為、有所改善的心性，這又何嘗不是天生的特別稟賦呢？儒家教人心安理得，道家幫人心平氣和，現在研究中國思想史的人所說的"儒道互補"，就是這個道理了。

甲：是的，就以文學藝術而論，假如沒有了道家，就沒有中國文化裡面許多怡情悅性的藝術作品。同樣地，假如沒有了儒家，那些充滿生命力、充滿雄健陽剛之美的作品，就更少了。

▶《竹溪六逸圖》

九、嚴肅的思想遊戲

——先秦名家

名目與標準都是暫設而相對的

甲：記得你説過：現代人因襲西方，以"黃色"為淫褻，中國古人卻以"黃"為中央的正色。

乙：是啊，現在我們穿衣服，什麼顏色都可以，只要你不介意招搖過市 —— 嫩黃啦、深黃啦、泥黃啦、亮黃啦、黃得無可再黃啦等等，悉隨尊便。在古代，哼！不簡單，你一旦"黃袍加身"，不得了，或者便是皇帝，或者便被皇帝視為大逆不道，想謀反。

甲：我不叫它"黃袍"，叫它"耶魯袍"，可不可以？

乙：什麼"耶魯袍"？耶魯大學的袍嗎？學位袍一般都是黑色的。

甲：不是。"耶魯"，在這裡而言，便是 Yellow，也是黃色，不過不用"黃"字而已。

乙：現在你可以洋為中用，在以前，恐怕不論你叫它什麼，是那種顏色，便有問題。

甲：你剛才不是説：大學的學位袍多半是黑色的嗎？

乙：恐怕絕大部分是西方習慣，黑色代表莊嚴隆重，你看高官的大轎車，都是黑亮亮的。

甲：喪服也是黑色。

乙：中國卻用白色。

甲：西人聖堂詩班的人都穿白袍，新娘禮服，更是純潔的白色。

乙：顏色的象徵意義，真是隨時代，隨地區而異 —— 我忽發奇想：為什麼當初稱白色為"白"，不稱之為"黑"呢？白白黑黑，聲音差不多嘛。

甲：對啊，我也不知道，這或者便是荀子所謂"約定俗成"吧。大家世世代代習慣了，就不好更改。黑是黑、白是白，黑白分明，不能顛倒黑白。

乙：“黑狗得食，白狗當災”——對了，其實當初也可以稱“白狗”為
“黑狗”。大雪天時，黑狗跑到戶外，一會就變成白狗了。

甲：古人詠雪的打油詩：“黑狗身上白，白狗身上腫”——咦，掉過
來說：如果星月無光，白狗出現在一片漆黑之中，人們一看，不
以為又是黑狗嗎？

乙：你不是說，白馬王子，跑進非洲黑森林，夜半追黑狗，結果捉錯
了白狗吧？

甲：唉，我們這樣玩笑下去，白狗又變成黑羊，要掛羊頭賣狗肉了。

“合同異”諸說

乙：其實也可以不是玩笑，如果我們抽離了時間、民族、地域等等
因素，許多名詞本來都是可以互換的，古人說：

白狗黑

犬可以為羊

恐怕便是這個意思。

甲：哦，戴了墨鏡，什麼都一片漆黑了。犬也好，羊也好，都是人熟
悉的四足動物，大小也差不多吧。

乙：他們說：“龜長於蛇”，就是說：你看到一隻長龜，又看到一條短
蛇，於是一龜一蛇給你的印象便是一長一短，而不是常識中的蛇
長於龜了。

甲：哦。

乙：他們又說：“卵有毛”，意思是說：雞蛋鴨蛋當然都是光光滑滑
的，但是孵出來的雛雞小鴨，都是毛茸茸的，那毛從何而來呢？
一切不是都從蛋而來嗎？所以說：“卵有毛”，誰能反駁？

甲：哦——你舉的幾個講法，好像在什麼地方見過——啊，對了，

是《莊子》書末的〈天下篇〉。

乙：是的，不過這是莊子後學歷舉當時天下"辯考"的某些論題。其中有些是惠施的說法。

惠施的看法

甲：他怎樣說？

乙：舉一兩個吧，他說：有些"東西"沒有厚度，因此疊不起來，但是有千里之廣，大到不得了。

甲：這好像西方幾何學的概念："面"只有"長"和"闊"兩個向度，沒有"高"，因此只有面積，沒有體積。

乙：他又說：天下的中央，是燕國的北方，越國的南方。

甲：奇怪。那個時候所謂中國，應該是中原地帶，就是燕國的南方，越國的北方啊——哦，可能是這樣：那時列國林立，燕國北方的小部落、越國南方的小政權，不是都各有自己的中央，不是都各以自己為思考的出發點嗎？

乙：你真聰明，一定早已發現香港許多商業大廈，都稱為"某某中心"。九龍尖沙咀東部，尤其"中心"林立，使人找起地址來，心中大亂，中心無主！——對了，有人更附會：中國古人早就知道地球是圓的；從河北繼續往北走，從江南繼續向南走，一定在赤道附近碰到。

惠施〔公元前三七〇至公元前三一〇〕

惠施曾做過魏的相國，博學善辯，是名家的代表人物，曾與桓團、公孫龍等辯者掀起了名辯的高潮。他與莊子（即莊周，是戰國時期道家的哲學家）是好朋友，經常一起辯論。但他所著的《惠子》已佚，其言行散見於《莊子》、《荀子》、《韓非子》、《呂氏春秋》等書中。

《莊子》〈天下篇〉徵引了惠施的"歷物十事"，又列舉了桓團、公孫龍等辯者提出的論題，例如"無厚不可積也，其大千里"、"矩不方"、"輪不輾地"、"鶴之影未嘗動也"、"鏃矢之疾，而有不行不止之時"、"一尺之捶，日取其半，萬世不竭"等。

《莊子》〈秋水〉

莊子與惠子遊於濠樑之上。莊子曰："儵魚出游從容，是魚之樂也。"惠子曰："子非魚，安知魚之樂？"莊子曰："子非我，安知我不知魚之樂？"惠子曰："我非子，固不知子矣，子固非魚也，子之不知魚之樂，全矣。"莊子曰："請循其本。子曰'汝安知魚樂'云者，既已知吾知之而問我，我知之濠上也。"

甲：這真需要一點過人的想像力了——還有呢？

乙：惠施又説："今天去越國，昨天抵達。"

甲：啊，這是"時光倒流廿四時"了。當然，從香港坐飛機越過時間更換線到美國，可以賺了一天，這是現代的常識了。

乙：惠施恐怕沒有這個想像力吧？

甲：惠施不是莊子的老朋友嗎？

乙：是啊，他們在濠水橋樑上面那場小辯論，真有趣。

甲：你覺得有趣，還是他們覺得有趣？

乙：我覺得很有趣，他們應該也覺得有趣。

甲：你不是莊子，又不是惠施，怎知道他們覺得有趣？

乙：你又不是我，你怎知道：我不知道他們覺得有趣？

甲：對了，我不是你，當然不知道；你也不是他們，當然也不知道了。

乙：慢着，我們怎樣開頭呢？你不是說我"怎"知道嗎？你是承認我"知道"這個事實了，問題在"怎樣知道"而已，既然如此，我們也要承認"他們知道"這個事實了。

甲：哦。

乙：唉，我們剛才是模擬莊子惠施的辯論而已。莊子見到橋下面的魚，在濠水裡逍遙游泳，好像他一向稱道的人生境界，於是說："魚真快樂啊！"於是引發了兩個好朋友的一場智力比賽、遊戲。

甲：照你提過惠施的種種講法，其實都是點明：常識中以為不同的種種事物，只要抽離了某些可以變化的因素，都有相同的一面，這和莊子所謂"自其同者觀之，萬物皆一也"，實在相似。

乙：這或者也是他們兩位相交莫逆的原因之一吧。不過《莊子》〈天下篇〉又有另外一組辯者之說。

"離堅白"諸說

甲：舉一個例聽聽？

乙："火不熱"。

甲：荒謬，你叫他玩火自焚看看。

乙：熱是人的感覺，不是火的本質。不同的火有不同的溫度，什麼才算是熱呢？懲罰日本的那一場廣島原子彈爆炸，人不到若干分之一秒就消滅了，灰也沒有，煙也沒有，只留下銀行石階上面一個影子，他連感覺"熱"的機會也沒有。

甲：對啊，什麼生物都沒有之時，地球到處都是大火 ──

乙：地球本來就是一團火。還沒有地球，先就有火。

甲：對，我明白了，又哪有所謂熱不熱呢 ── 當初提出這個講法的人，該不會知道地球和生物進化史吧？

乙：當然不。不過，說"熱"是人的主觀感受，不是客體的"火"的品質。這個想法古代的聰明人是可以有的。

甲：再舉一個例。

乙："鑿不圍枘"。

甲：什麼？聽不明白。

乙：鑿，唸如曹；枘，唸如銳。就是說：孔洞圍不住穿孔的棍子。

甲：也奇怪，圍不住，那怎穿過去呢？

乙：他的意思是說："圍"字的嚴格意義，是"密切地包圍着"。如果棍子的直徑和孔洞的口徑剛好一樣，那又怎插得進去呢？插得進去，兩者之間就總有空間，這空間極細極細，但總是存在的。既然有空間，那孔洞"圍"着的，就是"空間"加上"棍子"，而不單是"棍子"了。

甲：唉，真精密。

乙：還有，他們又說："飛鳥之影未嘗動也"。

甲：奇怪，武俠小說："且見窗外人影一閃"，怎會不動呢？

乙：動的是人，是鳥，是動物；不是地上無數相繼而不相續的投影。

甲：反過來就像電影膠片，許多影像相繼閃動，人的眼睛由於所謂"視覺暫留"，就看成一連串的動作了。

乙：你真聰明——當然，中國人也聰明，古代希臘人想到的，中國人也並非不能想到。

甲：還有呢？

乙：他們說："鏃矢之疾，而有不行不止之時"——飛箭般快，有時候卻是既不移動，也不停止。

甲：這又和"相對速度"的觀念相通了。兩列火車並排，如果同一方向同一速度移動，雙方車上的人，都覺得彼此沒有動，除非看到後退的窗外景物。而且，地面上的靜止景物，何嘗不是隨地球自轉、公轉而移動呢？半空中移動的某一件物體，何嘗不可能是剛好與地球運動速度相等，因此被視為靜止在整個空間呢？

乙：足下真是學問大進，直追古人了。

甲：或者可以說：古人之中，也有智慧高超，早已趕及後人吧。——他們還怎樣說？

乙："一尺之捶，日取其半，萬世不竭"——一尺的木棒，每天截取一半，到千秋萬世都無窮無盡。

甲：對。"無限小"不等於"零"。問題是到後來的"顯微分割"，怎樣運作。

乙：這就不理會了。他們的興趣，是我們所謂"邏輯概念問題"、"形而上學問題"，並不是現實問題。

甲：他們這一類講法，重在指出常識中以為相同的東西，實在相異、以為是如此的現象，實在如彼。這又和前面所說惠施等人的看法，大異其趣。

乙：寫哲學史的人，習慣把惠施他們稱為"合同異"派，就是常識為異的，他們合之而表示出相同的方面；相反的一派，稱為"離堅白"派，以公孫龍子的"堅白"論為典型代表。

甲：公孫龍是誰？堅白論講些什麼？你繼續下去吧。

公孫龍子的高見

乙：公孫龍是與戰國四公子之一的平原君同時的趙國人，生平可惜已經不可考究了。他的書存有六篇，最為人所熟知的是〈堅白論〉、〈白馬論〉兩篇。

甲：願聞其詳。

乙："其詳"不敢說，也不是我的能力所能說，他的意思是：我們看，看到它是一塊白的石頭；我們捏，捏到它是一塊硬的石頭，但是，"白色"與"堅硬"這兩種石頭的屬性，彼此並沒有從屬關係，所以，"堅白石"一個詞中，實在包含了"堅石"與"白石"兩個分離的概念，而並非一個概念。

甲：所以說是"離堅白"。還有呢？

〈堅白論〉

"離堅白"，即堅硬與白色是分離的。公孫龍從兩方面來論證這個命題。其一，從認識論方面論證：用手摸，可以得出"堅硬"的結論，用眼看，可以得出"白"的結論，但沒有"堅白石"。其二，從形而上學方面論證："堅"和"白"，並未指明哪個具體事物是堅，哪個具體事物是白，它可以在任何堅硬或純白的東西中表現出來。即使在物質世界中沒有堅硬或白的東西，"堅硬"和"白"的概念還是不依賴於物質而獨立存在的。現實世界中，有的東西硬而不白，有的東西白而不硬，這足以證明，堅與白並非必然聯繫在一起，它們是彼此分離的。

〈白馬論〉

據說，有一次，公孫龍經過一個關隘，守兵說："馬不能在此經過。"他回答說："我的馬是白馬，白馬非馬。"公孫龍從三方面來加以論證。第一，"馬"這個字是表明一種形狀，"白"則是表明一種顏色，表明一種顏色並不表明一個形象。因此，白馬非馬。第二，如果有人要一匹馬，這時馬夫牽過來的可以是一匹黃馬，或一匹黑馬；但如果要的是白馬，就不能把黃馬或黑馬牽過來。這豈不是"白馬非馬"？第三，馬當然有顏色，因此而有白馬。假設有無色的馬，那樣的話，馬就只有本質，沒有形體。然則，白馬又何而來呢？因此，"白"不是"馬"；"白馬"的含義是"馬"加上"白"，它和馬已經不是一樣的含義。因此，白馬非馬。守兵無言以對，於是，公孫龍牽馬過關了。

乙：〈白馬論〉的大意，就是著名的命題："白馬非馬"。

甲：白馬非馬？白人不是人？你想引起歐美各國聯合向你發射核彈嗎？

乙：蘇聯自己散了，美國要忙於處理黑白問題，不怕。——話說回來吧，"非"是"不等於"，不是"不是"。

甲：那"白馬非馬"的意思是——

乙：是這樣的，公孫龍子指出："白馬"是一個"白"和"馬"的複合概念，它的"內涵"比"馬"豐富，而"外延"就相應地狹小了，所以，"白馬"和"馬"是不相等的，就是這麼簡單。

甲：簡單明瞭之至。但為什麼當日似乎相當驚世駭俗？

乙：問題在於他用了一個一般人解作"不是"的"非"字，而且，公孫龍這一派辯者其他的主張，都是向常識挑戰，許多人心裡不服，口裡又說不過他們。

甲：難怪〈天下篇〉說他們"與眾不適"，如果競選議員就糟糕，一定得票率奇低了。

乙：他們的論點，嚴格來說許多是不能真正成立的——不單只"離堅白"一派，"合同異"一派也是如此。他們用的方法，又往往近於詭辯，目的更不在於政治、道德之類，而是為思考而思考，為研究名詞而研究名詞——

甲：難怪他們特別被稱為"名家"了，這恐怕不大合於大陸農業社會背景下，重倫理實用、不好玄想的古代中國人的胃口了？

乙：對了。孔子有"正名"的主張，目的是為了政體教化。荀子的〈正名〉篇很有西洋形式邏輯講概念、名詞、判斷、命題等等的意趣，不過最終目的也是為了政治禮教的實用。他批評名家蔽於名詞，而忘記了實際內容與實際需要；精細明察，但對人生沒有實際好處，對政治沒有幫助。墨家的後學，也對他們劇烈攻擊，後來《漢書》〈藝文志‧諸子略〉也說他們支離破碎；諸如此類，可見除了少數"情有獨鍾"的思想家外，其他人與這門學問是緣份不大的。其實不必等到秦朝消滅古學，這派便已衰微了。

甲：照我所知，後來唐玄奘取西經，帶回了佛家因明之學——"因"就是"推理"，"明"就是"學問"——由弟子窺基研究發揚，可惜是曲高和寡；明末耶穌會教士來華，類似的著作《名理探》也是無人問津，大概舊日中國的文化泥土，是不大適合不講實用，只講分析概念和進行推理的學問吧。

乙：是啊！像名家這類嚴肅而純粹的知識之學，很早就夭折，是中國文化的損失啊！

十、宇宙的測繪

——陰陽五行之學

古人的宇宙觀

甲：從前有一副對聯寫得不錯。

乙：怎樣不錯？

甲：它説：

　　宇內江山，如是包括；

　　人間骨肉，共此團圓。

乙：它寫的是什麼？我猜不到。

甲：這是一間店子的對聯，又賣湯丸，又賣雲吞 —— 你想想為什麼對聯這樣寫吧。

乙：下聯似乎容易一點：是一碗雲吞吧，麵皮裡包着蝦和豬肉，就像親情包裹着一家骨肉，浮浮沉沉在好像茫茫人海的湯水裡。寫的人很有巧心，代表店家為世間祝禱。

甲：講得好，講得對。上聯呢？

乙：不是説宇宙裡的陸地各洲，就像一顆顆湯丸般，浮列在整碗糖水上面吧？

甲：宇宙的情況是如此的嗎？

乙：照《西遊記》的描述是如此。

甲：怎麼説？

乙：整個世界是個大海，四大洲圍繞着中間其高無比的須彌山。彼此之間都是海水，吸上須彌山，再噴下來便是雨。孫悟空的花果山在東勝神洲；唐朝在南贍部洲；還有西牛賀洲和北巨盧洲。這些名詞不知道什麼意思，大概來自佛經吧。

甲：有趣有趣。大抵古代印度人根據自己的地理形勢來想像世界吧，須彌山恐怕便是喜馬拉雅山的珠穆朗瑪峯。

乙：中國古代也有"大九洲"之説：中國名為神州，與其他八州共成
　　一大洲，然後九大洲合成整個世界。

甲：洲與洲、州與州之間，恐怕也都是水。

乙：一碗雲吞或者湯丸有八十一顆，那碗要大如巨鍋了。整桌人圍
　　着吃，也未免太多吧。

甲：不管如何，人總有了解世界、猜想世界的興趣。即使在沒有航
　　空、航海只有極小規模、測繪技術還在初步階段的古代。

乙：是啊，現在我們精密詳盡的地圖，中間不知多少古往今來的心血。

甲：甚至生命。

乙：對，生命。其實人對了解環境有興趣，對了解自己的生命更有興
　　趣。生命是怎樣來的？為什麼有生有死？死後又往哪裡去？生死
　　之間種種遭遇、種種盛衰得失的情況，又由誰人決定？怎樣決定？

甲：你想我進教堂，還是寺院？

乙：都不是，暫時不是。我們到山東半島的尖端，渤海的海濱，黃海
　　的海濱，去看看。

甲：煙濤迷茫的蓬萊、瀛洲？如真似幻的海市蜃樓？

乙：對了。

陰陽家的興起

甲：我明白了。那些不喜
　　歡儒家的樸實規矩，不
　　接受法、墨的苛刻法制，
　　不甘心老莊的清虛無為，
　　而又主意多多、想像力豐富的
　　人，在航海的機會和傳説比較多
　　的地方，便發展了一套解釋宇宙結

▲《春秋繁露》記錄了陰陽家
的五行學説。

構、天地變化的學説。

乙：這便是燕、齊方士的
陰陽五行學説。

甲：上面是廣漠的天，下
面是遼闊的地。腳下
是堅定的陸地，眼前
是洶湧的大海。有白
天、有黑夜，有晴有
雨、有動有靜、有進

▲ 老子像

有退、有入有出、有降有升、有虛有實⋯⋯萬事萬物都是如此，
天象人事都是如此。天象、人事是大自然的一部分，宇宙間一
切變化的脈動，不外正與反、陽與陰⋯⋯

乙：啊，有點現代"結構主義""二元對立論"的味道，又像電腦邏輯
的"0"與"1"。

甲：唉，不要太快比附。還是説我們自古那一套吧。

乙：好。其實《周易》、《老子》都有陰陽變化、相反相成的理論。

甲：動物有雄有雌，性格有剛有柔，事情有得有失，生命有結束、有
開始；這是任何人都看得到、想得到的。講乾坤、陰陽的《周
易》、《老子》所説的，都是古代人類智慧的總結，戰國時期的方
士們特別發展這一套，講宇宙結構、陰陽變化、天人交感，甚至
神仙不死的妙術與靈丹。

乙：為首的都姓騶：騶衍、騶奭。

五行學説

甲：後來又加上"五德終始"的學説。"五德"，就是"五行"的性能。
"五行"之説，最早見於《尚書》〈洪範〉篇，就是金、木、水、火、

土，宇宙中五種基本物質。

乙：現代知道的物質元素有一百多種，"木"是碳水化合物，"水"是氫二氧一，"火"是燃燒的狀態，"土"是許許多多有機物無機物的混合體，都不是元素。只有"金"——而且是純粹的金屬——才是元素。中國古人的猜想，五個之中錯了四個。

甲：古印度，甚至古希臘以"地"、"水"、"火"、"風"為"四行"，他們是完全零分了。

乙：古代希臘大哲學家柏拉圖的傑作，對話錄之一的《泰美亞斯》，裡面所講的宇宙結構理論也和中國的陰陽五行相差不遠。

甲：不過他們整個是海洋文化的傳統，勇於實驗，精於計算，又以"知識"為美德，所以後來有鬼斧神工的科學。我們的，始終還是停留在直覺、在玄想。

乙：五行相生相剋之說，構想世界上各種基本物質力量之間的調協與矛盾，本來也不缺乏觀察力和想像力。你看：

　　　刀斧斬伐樹木　　　金剋木

　　　草木種進泥土　　　木剋土

　　　泥土吸收水份　　　土剋水

　　　水淋熄了火焰　　　水剋火

　　　火燒熔了金屬　　　火剋金

當然，小刀奈何不了巨樹，洪水沖崩了土坡，幾條水喉灌救不了大火，鐵板一塊壓熄了小火。"量"的因素，也是要考慮的。

甲："相生"方面呢？

乙：我們還是從"金"開始：

　　　金屬熔成液體　　　金生水

　　　雨水滋潤植物　　　水生木

　　　木料可以焚燒　　　木生火

　　　焚燒產生灰燼　　　火生土

　　　　土壤蘊有鑛藏　　土生金

甲：這套循環代換關係，本來也可備一說。我們很容易把它圖解
　　一下：

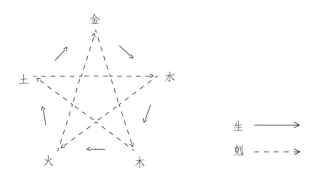

　　不過，他們進一步把五行配合了五色、五味，這也還可以；又配
　　合了五臟、五方，這就牽強了；更配合了五常、五倫，就真真"豈
　　有此理" —— 我的意思是，真的不可理解。

乙：秦始皇焚書坑儒，為什麼不禁絕這種學說？這也不可理解。

秦皇滅學與陰陽家續盛

甲：或者也不難理解，秦始皇自己，也受了神仙方士的愚惑。而且，
　　秦朝焚書、禁絕民間古學，有三類書籍不在其內 —— 就是醫藥、
　　種樹和卜筮，他們都對專制暴政沒有什麼妨礙。

乙：難怪現在醫科、電腦、太空科技等等，是如此吃香了。看看風
　　水，算算斗數，因此而財源滾滾的，也大有人在。

甲：在那個時候，陰陽五行學說於是繼續發展，百家之學，就變形混
　　合在其中了。

乙：秦始皇的真正父親呂不韋，撈了"奇貨可居"的政治資本，又想
　　做文化領袖 ——

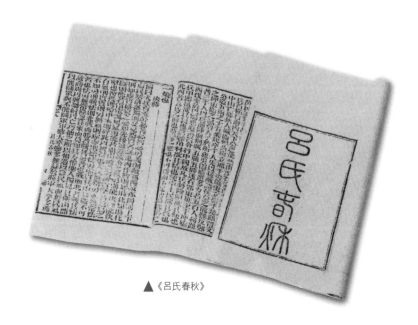

▲《呂氏春秋》

甲：就像現今有些暴發戶，收買一些文人，用他的名字寫專欄、出書
籍、辦出版社、開書院。

乙：你看開些吧。許多名流的題字，許多政要的言論，還不是秘書代
筆？讓我繼續吧：呂不韋的門客，集體編撰了一套大書，叫《呂
氏春秋》——

甲：真夠氣派——那個書名。

乙：內容也實在相當豐富，它是打算綜合先秦諸子的言論而為一書，
所以後世稱之為"雜家"，它以陰陽五行配合時令、指導人事，
所以把開頭六十篇文章，依十二個月，分為十二組，稱為"孟春
紀"、"仲夏紀"之類，每組的第一篇，都說明那個月份的天氣怎
樣，自然情況怎樣，天子應該主持什麼，大臣應該怎樣配合，廣
大民眾應該做些什麼，等等，等等。

甲：聽起來真像千百年來民間的通書——我們廣東人管它叫"通
勝"："書""輸"同音，不好嘛，我們要常常在每一條"戰線"上

爭取勝利嘛。——每天或者紅字，或者黑字。“宜”什麼什麼，
“忌”什麼什麼。

“天人相應”的思想

乙：你的聯想力值得誇獎。對，這恐怕都是大陸農業社會的文化模
式：生產以至一切其他工作都要配合時令季節，農時與天行配
合，人事與天命相應。《呂氏春秋》這個部分，後來就變了儒家
經典之一：《禮記》的〈月令〉篇。

甲：《禮記》本來就是漢代的儒家論文集。漢儒的思想已經相當龐雜，
學術上的《荀子》，統治技術上的“法家”，宇宙論、形而上學的
陰陽家，都雜糅在一起，不是單純的孔孟傳統了。

乙：對啊，孔孟傳統中，對君權的制衡、對知識的重視，這兩方面的
不足之處，漢儒沒有有效地填補，當然，陰陽五行學說混進了儒
學以後，不單只五倫、五常等等，用五行之說來附會，連不同的
朝代交迭，也用五行來配合了。當然，可以說這除了對政權轉移
提供一定的解釋，也給當權者以警告：“你們將被取代，且看何
時。”問題是，人的野心與聰明是很可怕的，五行學說是人想出
來的，人也可以把它隨意解釋與利用，且看秦始皇以為周是“火
德”所以自己是“水德”，以十月初一為元旦，以黑色為正色，以
“六”為標準數目——

甲：好像現在的少年朋友信奉西洋星座，什麼座的幸運顏色是什麼，
幸運號碼是什麼。

乙：唉，我們的秦始皇神武英明，你竟把他和少年不識愁滋味的男孩
女孩相比！——怎知秦始皇一死，兩三年間秦朝就亡了。擾擾
了幾十年，到了漢武帝，又改行夏曆，以寅月——就是現在的農
曆正月——為歲首，以“土”為德，崇尚黃色和“五”這個數目。

王莽篡漢，又覺得漢其實是"火"德，自己才是"土"德，到光武恢復漢室，就正式以"火"為德，崇尚赤色——

甲：所以就稱為"炎漢"了。其實這些東西，糾纏矛盾、牽強附會，都是愚民的把戲！

乙：這套東西，到後世也漸漸不講了，不過陰陽五行之學，天人相應之說，那影響還是很深遠。

甲：天地是大宇宙，社會是中宇宙，人體是小宇宙。

乙：對。現在人們還可以說：太空是一個極宏觀的宇宙，每一個細胞，以至每一顆原子，是一個極微觀的宇宙。

甲：總之，大大小小的宇宙運行起來，都依照同一的基本規律；它們之間，又相感相應，所以國家的盛衰禍福、個人的吉凶休咎，就要看人的作為與陰陽五行的原理是否相配了。董仲舒便是這套學說的代表人物，在他之後一大段日子，朝野人士，許多都深信不疑，這也是漢代的文化特色了。

乙：那影響還直到今日呢，我看這是因為秦朝實現了自古以來大一

▲ 社稷壇　位於北京天安門西的中山公園內，壇上鋪有紅青黑白黃五色，象徵金木水火土五行。

統的夢想，漢朝更是興旺發達，聲威遠揚，於是形成了一種包攬綜合的文化精神，一切東西，都要歸納、安置在一個龐大的秩序系統中——

甲：就如長篇巨製的漢賦、上下數千年的《史記》。

乙：對了。陰陽五行學說，也就乘着這個時勢，風靡一時。從此醫卜星相、政事人事，都以此來附會，來解釋，以粗疏的直覺為滿足，發展不出精密嚴謹的考察試驗，穿鑿附會，模糊彷彿。舊日的中國，有早發的科技而無純粹的科學，結果到了近三四百年，大落人後，這大概也是原因吧。

十一、清談誤國

——魏晉的玄風

"談"的價值

甲：我們談興正濃，想不到可能有誤國大罪，不如罷口免談了。

乙：這裡是現代的香港，不怕吧？其實清談也好，俗談也好，淺談也好，劇談——

甲：劇談？

乙：杜甫寄給李白的詩："劇談憐野逸，嗜酒見天真"——就是痛快地談，奔放地談——對，怎樣談也好，誤不誤國，主要看談的是什麼。

甲：而且，你與我無權無勇，談什麼也誤不了國吧？

乙：不過，如果人人都談，昏天黑地地談，固然會影響工作；不顧一切地談，而且談的集中在某一些問題上，也會凝聚而為一股力量。

甲：輿論的力量。對，所以，從東漢到晚明，士大夫的清議，都是一股正義的力量。

乙：可惜都給邪惡的勢力壓下去。

甲：不過他們的榮譽卻永遠烙印在歷史，永遠給後世讀書人以感召和鼓舞。

乙：現代世界各國的輿論力量更厲害了。宋朝的范仲淹說得好：

　　寧鳴而死，

　　不默而生！

　　免談不一定免禍，更不一定免死。有言論自由，社會才有希望。

甲：話又說回來，要社會有希望，除了自由以外也要有多元化的談論內容。

乙：自由，自然會多元化。

甲：這是現代教育普及的結果吧。在舊日專制時代，特別是黑暗腐敗
的時代，懂得思想、懂得說話的人本來已經不多，這些人又不敢
痛快地講真話，不能自由地講批評現實的話，只好鑽進牛角尖，
講一些無關政治的、無關現實的、抽象玄虛的話了。知識分子
人人如此，那"國"也就不誤而誤了。

"清談誤國"

乙：後世批評魏晉名士清談誤國，就是你這個講法。

甲：其實"清談"是否"誤國"，在當時已經有所爭論。王羲之對謝
安說——

乙：就是書聖王羲之和淝水之戰的那位謝安。

甲：對。他說："現在四邊都是打
仗的城堡，國家多事，應當人
人奮發努力，如果只是清談，
恐怕不是當務之急。"——謝
安回答說："秦朝用法家，夠
奮發努力了吧？兩代就亡了，
又關清談什麼事？"

乙：謝安功業顯赫，有資格這樣
說；他也是清談領袖，有理
由這樣說。

甲：不過他的理由實在不大充分。
秦二世不亡於清談，不等於

▲ 謝安

清談不足以亡國，中國古代名人的邏輯思維，有時也讚不上口。

乙：就像現代有些煙民的強辯吧："吸煙生肺癌？許多人一生不吸
煙，何嘗不也是因肺癌去世？"——連一位民主鬥士也從煙屁牙

縫裡噴出過這句話。現代人同樣要學習學習邏輯。

清談的本質

甲：魏晉時期，崇尚老莊的一般名士，更不講究思想言論的謹嚴周密了。所謂“清談”，本來就以“無所為而為”的逍遙態度出之。三五友朋，喝喝酒，吟唱幾句〈離騷〉，把一些可解不可解之間的《周易》、《老子》名詞掛在口頭，把一些《莊子》寓言故事改頭換面引用一下，當做一種生活情趣罷了。

乙：對了。他們清談，本來就為了逃避現實，所以談的都是抽象、玄遠的東西，所以又稱為“玄談”。

甲：“玄之又玄，眾妙之門”，“微妙玄通，深不可識”，《老子》、《周易》的文字，本來就簡練而圓熟，詞義彈性很大，解釋起來，可以說很難，因為確實意思有時很難抓住；也可以說很易，只要有一定的哲理與文字基礎，附會發揮，十分便當。

乙：當世有個人又出了一本解釋《老子》的書，就給人取笑：“人人都有老子，現在你又多了一位老子了！”——老子，又可以解作“父親”的意思。

甲：《周易》的精神，本來在於開物成務、健行不息，為什麼會同《老子》、《莊子》合在一起，成為“玄談”的對象？

乙：《周易》，尤其是稱為“十翼”或者《易傳》的那十篇附帶的論文，道理很複雜，文字像你剛才所說，抽象而又圓熟，有時是一節節不相連貫的韻語；當中“物極必反”、“反正相成”、“循環往復”的道理，又和《老子》相通，所以就給人弄在一起，隨便談談，發揮發揮了。

佛學加進了清談

甲：佛教的經典這個時期已經陸續譯出，相信他們的清談內容少不免漸漸增加，不限於所謂"三玄"了？

乙：當然。事實上有些高僧，本身就是清談能手，他們用新奇而高妙的佛理來發揮老莊、《周易》，自然耳目一新，勝過一般名士了。

甲：所謂勝過，是解得更透闢。魏晉玄學，談的主要是道家"逍遙觀賞"之理，比這個更深一層——或者對人生態度更消極的，是新從西域傳來的天竺之學——佛法，以佛法來解老莊，當然可以言前人所未言了。

乙：高僧們不只"談"得比較好，他們實際出了家，六根也應該比名士他們"清"淨。

清談名士的弊失

甲：是啊。許多清談的名士，嘴裡儘管清，心裡可能與他們所看不起的俗人同樣的俗。他們談的是道家，遇到了實際的金錢地位問題，便可能立即變成法家了。老莊之學對於他們，只不過是放浪形骸的高妙藉口；老莊的話，他們是有選擇地執行的。

乙：何以見得？

甲：很簡單：老子以"身"為大患，莊子以"形軀"並非真正自我，魏晉名士，卻為了求長生而好服"五石散"，弄得"散發"起來，全身表皮充血，不能吃熱東西，不能穿新的、窄的衣服，不敢沐浴，披頭散髮，甚至乾脆赤身露體——

乙：應該到現代的美國做"嬉皮士"了。

甲：美國現在也不時興這一套了。這班人本來聰明才智非比尋常，是人中的精英，結果這樣，你看社會還有什麼希望？他們的文學作品，也往往不過是老莊的註腳和宣傳口訣，沒有真正的體會，沒有真摯的情感，甚至沒有好一點的技巧，你看有什麼價值？

乙：後來從"玄言文學"過渡到"山水文學"，情況應該好一點。

甲：是的，境界是美了一點，技巧是高了一點，不過，沒有了對人群的廣大關愛與同情，在那個黑暗時代，只寫身邊瑣事，流連風月，描繪草木蟲魚，而不敢罵蛇神牛鬼，這樣的

▲ 阮籍

作品，又有什麼真正感人的力量？

乙：說起他們的時代環境，似乎也不忍深責。東漢晚期，有宦官擅政，有黨錮之禍，有黃巾之亂，跟着州牧割據，三國鼎立，晉朝統一了，政治依舊黑暗，又有八王之亂，然後又五胡亂華，南北朝對峙混戰，這段長長的日子，死於饑荒、戰亂、冤假錯案的，家散人亡的，真是不知凡幾，而當時許多才俊之士，如所謂"三張"、"二陸"、"兩潘"、"一左"，幾乎無一善終！

甲：唉，或者他們自己也會如此慨歎：還不算"死於非命"，因為大多數人的命運似乎注定是如此悲慘！

竹林七賢

晉朝的山濤、阮籍、嵇康、向秀、劉伶、阮咸、王戎等七人，崇尚老莊之學，輕視禮法，規避塵俗，常集於竹林之下，肆意酣暢，縱情清談，故稱為"竹林七賢"。

乙：所謂竹林七賢，他們的縱酒佯狂，也是為了想避世而又不能避世！

甲：對啊。阮籍大醉六十多天，才能

▲ 北魏彩繪佛三尊造像

避過司馬昭的迫婚；他隨意駕車到郊野亂走，碰到了絕頭路，就痛哭而回——

乙：也難怪他：原來自然之路，也和人事之路一樣，頭頭是絕路！

甲：唉，絕路。對“魏晉風度”很有研究、講過“路是人行出來的”的魯迅，如果生在當日，不知道會怎樣打開一條活路。

乙：或者他又另有一套匕首、投槍吧。

甲：老實說，我們對清談名士的境遇，不是缺乏同情，只不過，事實上也正由於他們深中了老莊之毒，冷腸而不熱心，沒有承擔精神，也缺乏奮鬥意志，所以助長了壞人當道，延長了時代的黑暗。從前說：“士不可以不弘毅”、“士為四民之首”，不事生產，坐享清貴的讀書人，正須要領導社會、伸張正義。否則，四體不勤，五穀不分，要他們來作什麼呢？人才的成就，固然憑藉自己的聰明努力，但是如果沒有社會的栽培、他人直接或間接的幫助，即使是天才，也不過與草木同腐而已！

乙：對啊，人才對社會，確是有回饋反哺的道義責任的。當時桓溫北伐，登上平乘樓，眺望中原，歎說：“竟然弄到神州陸沉，百年丘墟，王夷甫這班人，不能辭其責！”——王夷甫就是王衍，西晉時代最著名的清談領袖，口才、儀表、風度，都是一時之選。

甲：後來他被胡人石勒所殺，臨死時自己也說：“我們雖不如古人，如果一向不是空談那些玄虛的東西，實實在在地努力做點事，還

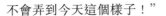

不會弄到今天這個樣子！"

乙：回想起我們前幾次談到孔子對南方隱士嘲諷的回應，真正的儒
　　家之徒所以可敬，就在這裡。否則，"名士"即使如何出名，如
　　何貌似清高，也沒有什麼可貴了。

甲：這樣看來，清談與玄學，實在沒有什麼價值了？

乙：在思想史上當然是有的。漢代的經學、章句訓詁，不能滿足人
　　心，所以有玄談；玄談再徹底一點，就變成佛學了。

十二、王子的快樂

——佛教在中國

甲：到現在為止，產生於中國本土的幾個重要思想，幾種主要的文化流派，我們都談過了，其實他們都是提出一些主張，教我們怎樣面對世界。

乙：是啊，面對世界，

法家說：為了君主，你們看緊它！

墨家說：為了天意，你們看實它！

道家說：為了自己的快樂，你要看開它！

儒家說：為了自己的良知，也為了大眾的利益，你和大家一樣，要看好它！

甲：有趣，有趣。我們也可以說：

法家逼人心駭氣懾，

墨家令人心熱氣盛，

道家勸人心平氣和，

儒家教人心安理得。

乙：整齊得像豆腐乾體的新詩了——名家呢？

甲：唉，你剛才也沒有說。這樣吧：名家使人心煩意亂。

乙：恐怕惠施要邀你到濠水的橋上談談，公孫龍要約你開辯論大會了。其實，後來有一種來自西方而影響極大的思想和信仰，他們分析心理、製造名詞，比名家更精密；他們不只像道家般勸人看開，勸人逍遙，更勸人看破，勸人解脫；他們講心性主宰，又似乎比孔孟更精彩。他們不只講這個世界，更講前一個世界，又講下一個世界——"世界"這個詞，根本就是他們的"法寶"之一。

甲：你是說：他們的教主，當初就由宮廷世界毅然走向外間世界，由富貴世界走向貧賤世界？

乙：我們彼此真是心靈相通，我們是談着同一個文化體系了。

佛與佛教

甲：對了。我們是在談 —— 佛教。佛教的創立者，印度淨飯王子喬答摩·悉達多 ——

乙：這個名字大家可能有點陌生。

甲：就是釋迦牟尼。

乙：對了，"釋迦牟尼"是一個後來的稱號，就是"釋迦族的聖者"，又稱為"佛陀"，就是"覺悟的智者"的意思 —— 即如孔丘，字仲尼，通稱為孔子、大成至聖先師，等等。

甲：他又稱為"如來佛" —— 如來，就是"如實"地"來臨"：像真理一般來到這個世界。

乙：不過，"佛"是釋迦牟尼的尊號，但"佛"又不止他一位，千百年來億萬人唸誦的"阿彌陀佛" —— 無量光明與壽命的覺悟者 —— 就來自另外一個世界。

甲：佛不是某個人的專利，"一切眾生，皆有佛性，都能成佛"。

乙：對了，"佛"是最高境界的覺悟者，比"菩薩" —— 覺悟的有情者 —— 還要高一級。不過，所有生命的個體，只要覺悟到那個最高境界，就都可稱為"佛"。

▲ 釋迦牟尼

甲：所以，"佛"和"神"不同，和一神宗教的絕對超越世界的神，更
　　絕對不同。不過，寬容的佛教，在發源地的印度、在發展地的中
　　國，以至日本、韓國、東南亞，都和當地的某些原有信仰、某些
　　原始宗教合流，於是"滿天神佛"。

乙：而一般中國人為了祈福免禍，也採取"漁翁撒網"策略，擇"用"
　　而拜、拜神拜佛。

甲：是啊。此生是乞丐，來生希望做王子；此生是白馬王子，希望趕
　　快找到一位 —— 或者多位 —— 白雪公主。

乙：其實王子有權位鬥爭的煩惱，公主也有紅顏易老的痛苦。除此
　　之外，他們的婚姻，也和常人一樣諸多苦惱。

離苦得樂：佛教的基本目的

甲：當初那位淨飯王的太子，就是出城見了那大群乞丐的悲慘景象，
　　宮中又見了那些公主宮娥們表面美麗的另一種不堪情況，於是
　　毅然決然出家修道，探索人生的究竟。

乙：為什麼都是人，有人做男，有人做女？有人做乞丐，有人做
　　王子？

甲：為什麼無論男女，無分貴賤，都有生有死？為什麼生死之間，或
　　者有短暫的快樂，又更有長久的煩惱？

乙：當時印度許多教派都有"離苦得樂"的傳統修行目標，更有傳
　　統的種姓階級制度 —— 與生俱來的教士"婆羅門"、貴族"剎帝
　　利"、平民"吠舍"、賤族"首陀羅"四大階級，又有"大梵天"
　　決定一切命運的傳統信仰。釋迦牟尼二十多歲出家，三十多歲
　　悟道，以後說法傳道差不多半世紀。逝世之後，由他的弟子各
　　就記誦所得，討論編集為"經" —— 佛所說的教理；"律" ——
　　佛所制定的戒律；"論" —— 研究經、律的各種著述，共稱為

"三藏"——

甲："三藏法師"，因此也是一個稱號，就是精通經律論的高僧，玄奘被稱為"唐三藏"，也是如此。

乙：對了。原始佛教的要義，是以"戒"——遵行戒律、"定"——靜坐禪悟、"慧"——證悟真理，為修行的三學，以"緣起"為根本教理，以"四諦"為基本內容——

甲：聽來很有點"生公說法"的味道呢。

乙：哦，差得遠了！這些是廣大精深的佛教學理之中，皮毛之皮毛而已，不過作為一種基本文化知識，也是需要的。

佛教基本義理

甲：什麼是"緣起"？

乙："緣起"就是一切事物、一切現象，之所以發生，都是相對相待的種種條件（"因"）與關係（"緣"），這些條件與關係，又是極其複雜地彼此扣連，互相引發的。

甲：很複雜。

乙：對了。譬如說：社會大眾，由於種種原因而需要某些知識，書局的編輯因應這個需要，又剛好直接間接認識了某個在這方面有點研究的人，這個人又剛好想發表發表自己的意見，或者回饋一點什麼東西給哺育他的社會，於是和編者合作，又經過印刷、發行等種種努力，於是出版了一本書。這本書，可能沒人理會，也可能頗受注意，於是又回過來給作者或者編者某種影響，等等，等等。

甲："四諦"呢？

乙："四諦"，就是"苦"、"集"、"滅"、"道"四個"精審的道理"。人出生是哭的，少壯能幾時，轉眼就老病纏身了。死亡，不只伴帶着或久或暫、或大或小的種種痛楚；對所留戀的一切人或者物、一切其實永遠沒法滿足的願望來説，更是一種難以捨離、難以堪受的痛苦。此外，還有其他種種。

甲：這都是"苦"。

乙：這些苦之所以形成，是由於過往所思念、所貪求、所努力、所成就而種下了"因"，所以收現在的"果"；而這個"果"又繼續成為將來種種後果的"因"。還有，世界是由無數人構成的，眾生共造的"因"，又交織、累積而成眾生共受的"果"。

甲：這便是所謂"集"。

乙：我們自然想要消滅這些糾纏積壓、無窮無盡的痛苦，恢復心靈的圓滿寂靜——"涅槃"就是"圓寂"的音譯——

甲：這便是所謂"滅"了。

乙：對了，消滅煩惱，要靠自己本心的靈明醒覺，這便是離苦得樂的途徑了。

甲：所以就稱之為"道"。——這些"苦"、"集"、"滅"、"道"、"圓寂"、"緣起"之類的中文名詞，看來當初也花了不少心血去翻譯、建立。

乙：當然囉。宗教的熱誠和力量是不可思議的。

甲："不可思議"原來就是佛家語，現在中文許多詞語，都是當初翻譯佛教經典而來的，多到我們也不能一一察覺了。

乙：下面一段話，就是完全用佛教用語聯綴而成的，我們聽聽：

> 變幻無常的大千世界，其實不過是個幻影。像鏡花水月般，憑因緣和合而生，因緣離散而滅，一切都不是永恒，不是實有。大眾執迷不悟，於是在作業——業就是身、口、意所作的一切東西，可善可惡；後來人把惡的業又稱為孽——和果報中，輪迴不息，所以無窮地痛苦，無盡地煩惱，就像處於地獄之中。好在有智慧、能覺悟的人從七情六慾之中，自我解脫，於是自由自在，

無憂無慮。這是小乘的羅漢地步。那慈悲為懷的，並且能夠大雄無畏地普度眾生，彼此同登極樂世界的西方淨土，真可説是神通廣大，功德無量了！這就是大乘的菩薩境界，甚至是佛的境界。要知道，眾生是平等的，能不能夠成佛，完全在自己的發心。能夠發心，就有修持的工夫，就可以自覺、覺他、覺行圓滿。這就是離苦得樂的不二法門，這就是佛教的真諦。

你看怎樣？

甲：不錯不錯，老兄可謂與佛有緣了。

乙：不要客氣誇獎。生了驕傲心，就會修養退轉，增加煩惱了。説起來，佛教傳入中國是在漢代，經西域而來。

佛教入華

甲：據説東漢明帝時洛陽白馬寺就是第一個迎接和安置遠來僧人的地方。

乙：其實確實始於什麼時候，也難以考究。千百年來，他們傳播的態度和方法，都寬容、和平。

甲：對。不隨着利炮堅船，也不必割地賠款，更沒有種族的歧視，文化的自大。

乙：漢代、唐代都威震世界，不是晚清可比。即使魏晉南北朝時代，西域、天竺各國，也沒有越境侵略的能力和野心。

甲：喜馬拉雅山高聳入天，中亞和西域的流沙萬里，不是過人的宗教熱誠，誰肯冒死跋涉，遠來中土？

乙：法顯、玄奘、義淨等高僧，或從陸路，或從水路，西去天竺求經，也是同樣可敬。我們不一定信仰佛教，不一定接受佛學，但他們那種和平堅忍、普度眾生的熱誠，交流文化的業績，實在是可敬的。

◀ 白馬寺

甲：當然當然。從漢魏南北朝到隋唐，佛教在中國的發展就從萌芽到全盛了。從此與先秦儒、道兩家，共分中國人的心靈，稱為"三教"，而佛教本身，也漸漸中國化，而與天竺佛教大有不同了。

乙：對，佛教在印度後來被回教和印度教取代，西域 —— 後世所謂"絲綢之路"—— 也完全是回教的天下了。唯獨在中國，佛教不只生根，而且繁衍到韓國、日本，你看原因在哪裡？

佛教在中國發達的原因

甲：中國人同樣有宗教的需要，特別是魏晉南北朝的亂世，而傳統的儒、道等家都不是宗教。

乙：中國的原始信仰在漢代也漸漸合流演變，襲取了道家的經典、儒家的倫理，而成為道教，道教又吸收了佛教的一些教理和經典，和佛教競爭，不過這是後來的事，而且也始終不是佛教的對手。儒家在中國所起的作用，也類同宗教，不過，從孔子開始，就對靈魂生死、宇宙結構的問題沒有興趣，陰陽五行學說和漢代的圖讖、緯書，有一點宗教的意味，但是膚淺、荒謬，遠不如佛教那樣教義豐富而且吸引，這是第一個原因。

甲：還有，我們剛才提過的，傳教方式和平，態度寬大，容易與中國人的傳統性格契合。

乙：對，這是第二點。如果深入到文化體系的核心，即所謂價值根源問題來說，佛教和中國傳統的儒道之學，又都同是歸本於人類自己的心，自己的自覺意志。煩惱是"一念無明"，成佛是"一念覺悟"，所以佛教初來，利用道家學理作為所謂"格義"——

甲："格義"？

▲《三教圖》 自唐以來，儒釋道三家融合已成為中國傳統文化的趨勢。

乙："格"就是"模範"、"衡量"的意思，即是用中國人原有的詞彙，來規範佛經義理的解說，使中國人容易明白、容易接受。到後來，又與儒、道之學互相吸納、影響，結果儒家衍生成"理學"，佛教發展出"禪宗"。這是第三點。

甲：佛教的宗派和教義實在豐富。重視戡破世俗迷執的，有"三論"、"天台"等宗；醉心於邏輯與心理分析的，有"法相"、"唯識"之學；樂於簡易的，有唸“南無阿彌陀佛”六字真言的“淨土宗”；喜歡神秘的有“真言”密教；至於擺脫文字障礙，以靜坐冥悟來明心見性的，有完全中國化的佛教 —— 禪宗。信佛教的，可以祈福禳災，可以消解執著，可以鑽研學理，可以探究人生，上智下愚，真是各適其適。

乙：難怪它千百年來曾經這樣普及了。

十三、心心相印

——禪學與理學

甲：許多樹都給小刀劃花了。兩顆熾熱的心，一支邱比特的神箭。

乙：唉，"靈台無計逃神矢"，情到濃時，什麼公德，什麼環保，都暫時擱置一邊了。

甲：好在如今也漸漸不流行這一套，有些人乾脆用噴漆了。

乙："但願君心似我心，定不負相思意"，好！——不過，"心心相印"，原本是禪宗的祖師傳法，不靠文字，甚至不用語言，師徒之間，直接以彼此的心互相印證。

甲：願聞其詳。

禪宗的傳承之說

乙：其實我也不是耳聞，而是另一種目睹——目睹禪宗的《六祖壇經》的記載。話說釋迦牟尼自三十多歲在菩提樹下頓然悟道，從此說法教人，垂半世紀，後來在靈山法會之上，大家恭敬準備，鴉雀無聲正準備聽佛陀開講。怎知佛陀一言不發，只是拈花默然，這時間，大家都眼眼相望，莫明所以。惟有大弟子摩訶迦葉，一剎那間與師傅意念相通，彼此心照不宣，解顏微笑。後來佛陀就說：我有最高妙的道理，不能、也不必立於文字，是教外的別傳，就傳授給摩訶迦葉吧。

▲《無法可說》 明·陳洪綬繪

甲：真奇妙。

乙：從此祖祖相傳，天竺著名的高僧，無著、世親、馬鳴、龍樹等

大菩薩，都在承傳之列，直到
二十八祖達摩，一葦渡江，來
到中土。初見南朝的梁武帝，
武帝好大喜功，自以為建寺度
僧，功德無量，怎知達摩卻說
不值一提，於是賓主話不投機，
達摩唯有繼續北上，到了嵩山
少林寺。

▲ 菩提達摩大師

甲：啊，少林寺。絕招！好武功！
武林至尊，天下第一。

乙：對。聽說少林技擊由達摩開始
傳授，以改善那些和尚的體質。不過佛教史上的達摩，主要是在
這裡面壁靜坐九年，潛心修道，於是開始了中土的禪宗。後來
大弟子慧可慕道心切，雪地斷臂求法，得達摩一句話，便恍然大
悟，心安理得，他便是二祖。然後照樣"心心相印"，祖祖相傳，
歷僧璨、道信而至唐高宗武后時代的五祖弘忍。弘忍要傳法了，
門下有大弟子神秀，又有不識字的廣東人惠能。

甲：有些記載寫作慧能，"惠"是"慧"的古字。

惠能弘法

乙：惠能不識字，但天分奇高，曾經聽人唸誦《金剛經》，到"無所住
而生其心"，便大有感悟。

甲："無所住而生其心"？

乙：就是"因為無所執著，無所停滯，那心靈就得到解放，得到自
由了"。

甲：唉，佛經最好再譯為白話文。

乙：工程太浩大了，現在哪來這麼多及格的人手？單就《大般若經》，已經有六百多卷。

甲：經書又多，人又易老，什麼時候才算修行成功？

乙：問得好。千百年來相信所有接觸過佛經的都有這個問題。於是，有些特別聰明的人便覺得：真理好像黑夜裡彎彎細細的新月，明眼人先看見了，就用手指着它，讓大家知道。怎知許多人卻仍然看不見月亮，反以為那手指便是月亮，紛紛膜拜那手指。

甲：唉，真可惜，真可笑。

乙：所以，問題應該在擦亮——甚至不必擦亮，而是張開——各人自己本來就有的眼，直接看着月亮，乾脆連那手指也不必再要，以免誤導了。

甲：啊，我明白了，當初那手指，便是佛陀，便是三藏的經、律、論；明亮的眼睛，就是各人的本心。

乙：你可以做禪宗的祖師了。——話說回頭，當初惠能就是覺悟到這個道理：佛教的真諦，不在於經典教條，不在於言語文字，而在於各人本心的明覺。如果震懾於佛陀與經論的權威，在名詞文字上糾纏，變成了另外一種迷執，反而不能悟道，不能成佛。

甲：剛才你不是說五祖弘忍要傳法嗎？

乙：對，弘忍知道惠能已經悟道，但他威望未立，又不識字，恐怕眾人不服，於是叫眾人各造一首佛偈——就是闡明佛教道理的詩句，看誰的覺悟最高。

甲：有點公開比賽的味道，比一言堂指定誰傳衣鉢，民主一點了。

乙：神秀的偈是：

▲ 六祖惠能

> 身似菩提樹，心如明鏡台，
>
> 時時勤拂拭，莫使惹塵埃。

甲：真不錯，佛陀當初在菩提樹下悟道，澄明的心靈，映現一切，不
　過，當然經常要噴噴玻璃潔淨水。

乙：結果便愛上了那瓶噴霧清潔劑，甚至愛上了賣那瓶東西的妙齡
　少女；或者愛上了那棵菩提樹，甚至愛上了那樹上的鳥兒，煩惱
　從此更大了。

甲：對，惠能的偈怎樣？

乙：惠能步神秀的原韻，說：

> 菩提本無樹，明鏡亦非台。
>
> 本來無一物，何處惹塵埃？

甲：好！一切都看破，真正的無掛無慮，無所執著，心靈得到最大的
　自由了。

乙：後來就以留在北方的神秀為“漸悟”，南下的惠能為“頓悟”，各
　代表一種證道的方式，而以惠能為正宗了。

甲：當然，這是禪宗南派自己的講法。

乙：後來宋朝人論詩 —— 例如嚴羽的《滄浪詩話》，明朝人論畫 ——
　例如董其昌，就都大受禪宗南派的影響，董其昌等甚至認為山水
　畫也分南北二宗，而以王維一派的淡墨山水為南宗，為所謂“文
　人畫”的正派了。

甲：還是說回佛教吧 —— 他們為什麼叫做“禪宗”？

禪宗的特點

乙：“禪”或者“禪那”，是梵文的音譯，就是靜坐而集中思慮，到極
　其純一的那個境界，即所謂“入定”，本來是各宗所共修的，禪
　宗以這個鍛煉意志、淨化思慮的方法為唯一的工夫。他們認為：

覺悟，唯一是靠自己，所以後來有些禪門高僧，要毀經訶佛，所謂"法尚應捨，何況非法"，一切都不執著，一切都否定了。

甲：強調本心，不強調知識；依賴自我，不依賴權威；重視實踐，不重視經典文字知識，這真是完全中國化的佛教了。

乙：有人還說："三論"、"唯識"等宗，是傳來中國的佛教；"天台"、"華嚴"，是中國化的佛教，至於"禪宗"，則是道地的中國佛教，惠能其實是禪宗的真正祖師呢！

甲：不過他們"直指本心"、"祖祖相傳"、"心心相印"的講法也真有趣。

乙：各宗所同的，以"佛"為價值根源，以"自覺"的"羅漢"、"覺他"的"菩薩"、"覺行圓滿"的"佛"為修養境界等等，對中國人也很有吸引力。

佛教引起的反動

甲：不過，他們教人"捨離世累"，鼓勵出家，幾乎一切文化價值與作為，他們都認為是迷執，這對中國傳統以"人文"為價值，以"開物成務"為責任的文化精神，卻很有殺傷力。何況以前的佛門弟子，出了家，就不納稅，不服兵役，寺院又往往佔了許多土地田產，有時甚至藏匿非法分子。況且，宗教團體一旦成了群眾力量，統治者也必然不安。

乙：對了，所以佛教雖然和平，千百年來也不免有過幾次禁教之舉，所謂"三武之禍"便是，而大文豪韓愈的〈原道〉篇，更是集大成的"反佛宣言"了。不過，因應剛才你我都提過的"祖祖相傳"、"心心相印"、"佛性"、"自覺覺他"等等講法，從韓愈和弟子李翱，到宋、明那些深受佛教影響而又奮起抗佛的儒學思想家——即是那班理學家，就紛紛大講堯舜禹湯文武周公孔子的"道統"，大講堯舜的"十六字心傳"——

甲：是什麼？

乙：就是出自《尚書》的"人心惟危，道心惟微，惟精惟一，允執厥中"，大意就是要精純、專一地把持那個中正公明的心，來保存、發揚那大道，據說是古代聖王以心傳心的秘訣。

甲：也是"心心相印"了。

理學的興起

乙：對了，到了北宋，義理之學大興，儒者紛紛探求這個本心以至外界事物最高的"理"，於是有所謂"理學"了。北宋大理學家，有周敦頤、程顥程頤兄弟、張載、邵雍等等。到了南宋朱熹，繼承前人，因為《禮記》〈中庸〉篇講一個"誠"的根本觀念——不單是"誠實"，而且是"真實的本體"，所以把〈中庸〉提出來，與同書另一篇重要論文〈大學〉，配合了《論語》、《孟子》而為"四書"。他又把〈大學〉重新組織，解釋為所謂"明德"、"新民"、"止於至善"的"三綱領"，和"格物、致知、誠意、正心、修身、齊家、治國、平天下"的"八條目"，理論清楚，層次分明，明顯地和佛學對抗。

▲ 周敦頤

甲：把人家原來的文章組織改動，這似乎不大妥當吧？

乙：朱熹認為原來是亂了，改了才妥當。明代大思想家王陽明，就很反對這個做法，他並且以為用孟子所謂"良知"來解釋〈大學〉"致

▶《四書章句集註》

知"的"知",才算妥當,因此又建立了"致良知"的學説,認為
人心的道德自覺,才是唯一的價值本體,不必像朱熹所説的要向
外界事物求取知識。

甲：這就正如在他之前的陳白沙,也如南宋時和朱熹面對面辯論過
的陸象山,所謂"不識一字,亦可堂堂地做個人",那種輕視知
識強調本心的説法,真是和禪宗很相似了。

乙：陽明先生自己的學問和功業都很偉大,但他的後學就變本加厲,
變為"束書不觀,游談無根"的狂禪式新清談,結果明朝就更加
敗壞了。

甲：朱熹和他所尊崇的,北宋的小程子 —— 程頤,堅持"修德"與"進
學"內外並重,兩線並行似乎就好一些。

乙：站在"重視知識"這一點來講,程朱學派可以補救傳統儒家"重
德輕知"的缺漏;站在哲學理論方面來説,增加知識對培養道德
意志,實在很難説有什麼必然關係,所以可説不及陸王學派直承
孔孟本意那樣純粹。當然,他們都以人的本心為倫理道德的根
本,而對抗佛教,這點是相同的。

▲ 朱熹

甲：佛教也講本心，所以稱為"內學"，不過作用是捨離世間的煩惱，解脫牽累。

乙：對了，一個肯定世界，一個否定世界，就像風扇和抽氣扇，能源都是電，方向卻是相反。

甲：我想可以更清楚地比喻，它們兩者，都有本身的電源，而不是要接上機器外邊的交流電，甚至不是預先充電。

乙：對。如果要插上外邊的電源，那就是一神宗教，假助於"他力"，不是儒家與佛家的"自力"了。

甲：淨土宗似乎也講"他力"，佛徒口誦心維的"阿彌陀佛"，就是"我"之外的一個能力根源，靠他的大發宏願，致使我有力量。

乙：這個問題要請教佛學的高明了。不過，我看基本還是要自己發心。自己唸誦"阿彌陀佛"，不過像近年宣傳得很厲害的氣功師，在旁邊"發功"幫助罷了。

儒佛的分別

甲：我們回到儒佛的分別與競爭問題上面吧。儒佛之爭白熱化，變成理學與禪宗之爭。儒家的忠實信徒，認為佛教使人忘記痛苦，同時也忘記人生；使人安於現實，同時也逃避現實。它的麻醉作用，比道家還大；會瓦解人倫、消融文化，所以視之為大敵。大理學家程顥死了，他的弟弟、另一位大理學家程頤替他寫了篇很長的"行狀"——就是給寫墓誌銘的人參考的生平資料以至類似"評傳"之類的文章，最後有一段駢文化的散文——或者應該說散文化的駢文，即所謂"宋四六"。他說：

> 昔之害，近而易知；
>
> 今之害，深而難辨。
>
> 昔之惑人也，乘其迷暗；
>
> 今之入人也，因其高明。
>
> 自謂窮神知化，
>
> 而不足以開物成務。
>
> 言為無不周徧，
>
> 實則外於倫理；
>
> 窮深極微，
>
> 而不可以入堯舜之道。
>
> 天下之學，非淺陋固滯，
>
> 則必入於此！

這一段話，非常流暢，非常雄健銳利，也非常內行。正中佛教的要害，可謂理學家代表儒學向佛教下的宣戰書。

乙：我完全同意。有些學者說理學是"儒表佛裡"，我向來不大同意：理學的基本立場還是儒家的，雖然用了不少佛家的理論武器，"以子之矛，攻子之盾"。

甲：當然，這也看"裡"字怎樣解釋，"表"是外披的皮毛，"裡"是衣服的內層，或者說內衣吧，我們也可以說：理學的"表"，混了不少佛教——特別是禪宗——的皮毛質料，甚至穿了儒佛混紡的避彈內衣，不過，心靈深處，還是儒家的。

乙：所以理學是"新儒學"，而不是"新佛學"了。

佛教的負面影響

甲：有人說：佛教其實不是消極、不是出世的。你看它也講諸惡莫作，眾善奉行，也救死扶傷，在現代的香港，甚至辦醫院、辦學校。

乙：這些都是所謂"權法"——就是為了普度眾生而權宜施行的辦法，並非真正目的。佛家的真正目的，還是教人同登彼岸，不要迷戀此岸，不要執著此生。他也讚揚倫理，教慈教孝，但他的終極目標，是要擺脫家庭、國家以及由文化建制而生的種種煩惱。

甲：所以明代大理學家王陽明批評佛教，說他怕夫婦、父子、君臣等等關係之累，所以逃避；似乎看化，其實看不化。儒家則正視現實，擔當人生，以忠孝仁愛的"五常"，去對應生而有之的"五倫"，實在合情合理得多。

乙：唉，五常可以安置五倫，這個理論當然不錯。不過這要父與子，君與臣，夫與婦，兄與弟等等，彼此都把本分做好。正因為雙方都是人，都有自己的理性與非理性因素——情感的因素、利害得失的考慮、錯綜複雜的親疏厚薄關係、溝通不良而致的新舊誤會恩怨，諸如此類，所謂"家家有本難唸的經"，凡有家庭生活經驗甚至社會政治經驗的人，都一定知道。

甲：儒家說："先唸好五經，這本經就不難唸了。"

乙：很難說：帝堯有不肖的兒子，帝舜有難纏的父母。還有那可怕的弟弟，英明神武的天可汗唐太宗，家族關係也不見得良好。〈大學〉所謂"修身齊家治國平天下"，是很好的理想，要做到就真的不簡單，有很多煩惱。

▲ 王陽明

甲：所以佛家就向人招手："煩惱痛苦的人，都來我這裡吧！讀讀佛經，你家裡的經就不難唸了。"

乙：禪宗就甚至說："只要你一旦想通、想透，就什麼經也不必唸了。"

甲：而受了他們的影響，儒家中的陸王"心學"一派也說："只要發現本心的良知，就什麼書本的學問都不重要了。"

乙：這對重德性、輕知識的儒學傳統，不只沒有幫助，而且加重了偏差。

甲：不論陸王抑或程朱，又都被後世批評為只重"內聖"，而不能"外王"，甚至只講"內"而不知"外"，多哲理思辨而少政務方策，結果兩宋的積弱都不能振，而明朝政治之黑暗，更是無法可治。

乙：換言之：儒家本有的開物成務，以至明辨善惡的精神與成績，也因而大打折扣。——當然，佛教普遍流行，輪迴、報應之說深入人心，對許多人的任性為惡起了很大的嚇阻作用，這也是不容否認的。

甲：可惜還是有些人會連自己的"心"也欺騙，說："先貪、嗔、癡一下再說，這個人被我害苦，可能是我替前世的自己報仇吧。先幹了再說，將來再好好地齋僧禮佛，捐巨款建寺院，大做功德。"——你看，這有什麼辦法？

乙：另外一些人，卻因為佛教而增加了辦法。

甲：什麼人？

乙：作家、美術家、雕塑家、建築家、文學評論家、聲韻學家，等等。

甲：哦，你是說佛教刺激了他們的靈感，豐富了他們的技巧與題材？

乙：對了，不過，這要留待將來再談了。

十四、平上去入孫悟空

——佛教與中國文藝

聲調學：梵文的影響

甲：有兩個補嚕箱互相毆打，連那個想做和事佬的補嚕灑都誤中亂拳而氣憤起來，結果三個補嚕沙打成一團，直到全部受傷暈倒。

乙：我也差不多暈倒了，你究竟說什麼？

甲：我是說梵漢混合語——即如現代香港的中英夾雜語。

乙：什麼補嚕箱，什麼補嚕灑、補嚕沙？你快解釋！

甲：第一個，是"兩個男子"，第二個，是"一個男子"，最後，是"三個男子"。

乙：真麻煩，比英文的單數眾數還要麻煩。

甲：印歐語系和我們漢藏語系不同，因應數目、時態、位格而有輕微的語尾變化。

乙：那用漢字音譯起來，豈不是大費周章？

甲：對了，不過也有收穫。譬如從那堆混戰而最終昏倒的"男子"中，我們就發覺，原來"沙"、"灑"、"箱"三個字，發音、收音相同，可是聲音的起伏升降有點差別。

乙：對，"沙"字高而平，"灑"字先是稍抑，然後上揚，但到不了"沙"字的高度。至於"箱"字，就和"筲箕灣"的"筲"字一樣，韻尾稍有差別。

甲：對。香港的"筲箕灣"、"銅鑼灣"，"灣"字都唸高平聲，但後者有時又變成與"中環"、"上環"的"環"字相同，真

▶ 唐·《金剛般若波羅蜜經》

奇怪。

乙：這是習慣的"變調"問題，"音調"是漢語的特徵之一。

甲：什麼時候發現這個特徵的?

乙：應該便是漢朝後期到南朝時候，翻譯佛經和所謂"梵唄"佛曲之時，為了某些專有名詞的音譯要選擇切合原來聲音高低的漢字，於是發現我們漢語有高低抑揚的聲調。

甲：我明白了—— 就拿"覺悟"來說，梵文音譯為"菩提"—— 佛陀在它下面悟道的"菩提樹"，就是"覺悟之樹"—— 當初一定選擇過："鋪梯"、"舖替"、"普睇"都不大適合，只有"菩提"恰可。

乙：對，鋪普舖——粵音舖頭、店舖的舖——梯睇替，有平、上、去聲的分別。現代粵音有許多聲調，就是平、上、去各分高低，入聲有高、中、低，一共九個。國語——就是所謂普通話，沒有了入聲，有陰平、陽平、上、去，四個聲調。閩南話有——

甲：請你暫時不要說下去，先交代一下是哪個時候正式訂明漢語有哪幾個聲調?

乙：漢語區域向來地大人多，方言龐雜，依據典籍記載，是南齊永明七年，即公元四八九年，喜愛文學的竟陵王蕭子良，集合善於聲韻的僧人學者，和沈約等文學領袖，舉行研討大會，訂明了平、上、去、入四個聲調。從此聲韻之學又進一步，而以後寫作詩文，以至後世的詞曲等等，在格律方面就更精巧了。

甲：音律美是一個文學要素，不過，當然還有其他的技巧以及內容。

中國詩的禪趣

乙：對，翻譯一種外國文字，了解一種外國文化，就等於開了一面大窗子，看到了外邊的世界，流通了內外的空氣；又等於開拓了一塊新領土，得到了許多新寶藏。中古時代的翻譯佛經就是如此。

源於印度的宇宙觀念、人生智慧、可喜可愕的故事，奇幻的想像、靈巧的說理，以及記事、抒情、寫景方式，各方各面，都給作家們全新而無盡的營養。

甲：難怪晉代的陶潛、謝靈運，唐代的王維、白居易，宋代的蘇軾等人，都因佛教的影響，而深化或者廣化了他們的文學境界。

乙：唐代的佛教已經是知識分子生活的一部分：大大小小的詩人，很少沒有和佛教有關的詩篇了。

甲：我們講莊子時提過蘇東坡那首著名的絕句：

　　橫看成嶺側成峯，

　　遠近高低各不同。

　　不識廬山真面目，

　　只緣身在此山中。

▲《東坡笠屐圖》

就充滿了禪趣。這也是道佛相通的地方。

乙：對。道家說：你坐了直升機，上上下下，左左右右，超然地觀賞這廬山的所有角度好了。佛家說，超然還是不夠的。山是幻的，飛機是幻的，人也是幻的，一切都看破，你就有心靈的絕對自由，真的解脫了。我記得東坡另外有一首詩。有一次，有位朋友送了張琴給他，回信道謝之外，他並且作了一首佛偈，給這位朋友參一參：

　　若言琴上有琴聲，

　　放在匣中何不鳴？

　　若言聲在指頭上，

　　何不於君指上聽？

　你看這首詩妙不妙？

甲：妙。

乙：妙在什麼地方？

甲：妙在那個道理。琴放在匣中，不會自己發出音響，但是，沒有琴而單有手指，也彈不出音樂，可見聲音不在琴，也不在手指。

乙：換言之，不在於物質。

甲：不在於物質，是否就反證出：聲音是由心靈產生了？

乙：那首詩沒有明說。答案讓讀者自己想，自己找。當然，一切色、聲、香、味的感覺都是人的心靈透過眼、耳、鼻、舌等所謂"六根"而產生，這是佛家的基本教義。

甲：宋代的詩，也因此常常充滿了哲理，和唐詩很有不同。當時的詩人，也常常和高僧會晤，談談哲理，參一下佛偈，傾訴一下心事。

乙："傾"訴心事，談談佛"偈"，這就真是所謂"傾偈"了？

甲：對，對。許多人不知道廣東話所謂"傾偈"，原來是中文和印度古代梵文的結合品，"偈"是"偈他"的縮寫，而"偈他"即是所謂"頌"，是佛教的詩歌。

乙：我忽然想起："我們在小巴裡傾偈"這句話，已經是二千多年來中外文化接觸的縮影。

甲：為什麼？

乙：你剛才提出："傾偈"是中印混合語，而"小巴"——小型公共汽車的香港粵語——又是中英混合語，合起來，不是從中古到現代，

偈

又稱為頌，是佛經使用的體裁之一，一般用固定字數的四句組成，主要分為兩種：通偈，固定由梵文三十二個音節組成；別偈，共四句，每句或四言，或五言、六言、七言不定。

中外文化接觸表現在日常語文上面的一個小痕跡嗎?

甲：對。文化交流，一定產生一些半中半外、不中不外的詞語。其中大部分會被時間淘汰，被完全意譯所替代，一些簡潔好用的音譯則會保存下來，例如"佛"、"菩薩"、"刹那"之類。另外一些中外混合的詞語，也是如此。

乙：不過"傾偈"還只是口頭的粵語，有些人可能堅持不能寫進規範化的白話文；至於"小巴"前景如何，我還不敢揣測。

甲：或者有人堅持要寫"小公車"吧，不過直到現在還未見過。

乙：談起"傾偈"，記得以前有位詩人，悶了起來想找高僧傾偈，預先寫了一首詩：

> 終日昏昏醉夢間，
>
> 忽聞春盡強登山。
>
> 因過竹院逢僧話，
>
> 又得浮生半日閒！

怎知一"傾"之下，那僧原來修養並不高，可能半通不通，或者甚至蠢俗的程度，比俗人還要過之。那詩人悶上加悶，回去把詩一改。

甲：怎樣改?

乙：很簡單，就把頭尾兩句對調，意思就剛剛相反了！

甲：真妙！真妙！偈詞這類形式，文字精巧，音律和諧，確有另外一種感人力量。

乙：如果淺白流暢的散文配上精巧而又不艱深的詩詞，那感染的範圍一定很普遍了。

甲：對啊。所以古代的僧徒為了傳教，又發展了通俗的語體文學。

乙：宋代和以後，語錄、戲曲、小說都大大興盛，這原來是一個重要的原因。

佛教與中國思維方式

乙：佛經的組織很嚴密，和我們先秦的典籍很不相同——

甲：對，我常常覺得，《論語》、《孟子》、《老子》、《莊子》，那些人生智慧確是了不起，但是，坦白說，它們的條理組織，實在稱讚不上。

乙：佛教的經論流播了一段日子之後，中國人的著述，也有條理謹嚴的傑作出現了。

甲：最後出了家的劉勰，壯年時候所寫的文學評論巨著《文心雕龍》，就是一個人人稱道的例子。

乙：不過，老實說，像《文心雕龍》的例子，也不算太多。你看：唐代以後的"論詩絕句"，宋代以後的"詩話"，都是中國古典文學批評的主要形式，散珠碎玉般的，精警、精巧，但並不着意於精嚴的組織與條理。《文心雕龍》傳世一千六百多年了，我們舉的例子還是《文心雕龍》，中國人傳統的思維與表達方式，也可以檢討檢討了。

甲：這個問題確也值得研究，如果有機會的話，我們可以專為這個而對談一次。譬如說：禪宗的直悟方式和語錄方式，在原來的佛教中所佔的比重怎樣之類。不過，提起論詩絕句、詩話，在宋代開始，也有以禪論詩的風氣。

乙：對。著名的嚴羽《滄浪詩話》就是一個好例子，他也有不少牽強附會、招人批評的地方；不過他強調"妙悟"的直覺，是"禪"與"詩"的共通點，這卻是很有見地的。

甲：宋人此唱彼和以禪論詩的絕句而以"學詩渾似學參禪"開始的，有好多首，有些未免是太濫了。不過吳可的那首還有點意思：

　　學詩渾似學參禪，

　　竹榻蒲團不計年。

　　直待自家都了得，

等閒拈出便超然！

這和朱熹的《大學章句》〈補傳〉所說的一比較，真的如出一轍，那禪宗由"漸修"而"頓悟"的影響也很顯然了。

乙：對。他把〈大學〉重新編排，分為"經"一章、"傳"十章；然後說，"格物致知"一章原本有解釋本章的傳，如今失去了。於是補上自己寫的一段，稱為"大學補傳"，說：人心有靈知，外物也各有其理，用心去格物窮理，用力久了，就會"一旦豁然貫通"，這和禪家所說相契，靜修禪定，一旦"了得"，就可以"眾物的表裡精粗無不到，而吾心之全體大用無不明"了。

甲：就等於花果山水簾洞那美猴王，一旦修好了神通，就可以上天下地，一個觔斗雲便十萬八千里，甚至可以大鬧天宮，一班天兵天將都被他打敗，連太上老君也莫奈他何了。

《西遊記》的象徵意義

乙：你是提起熱鬧有趣的《西遊記》故事了。對，孫悟空即是所謂"心猿"——"心猿意馬"這個比喻真好：猿，似人非人，似獸非獸，亦獸亦人，而靈巧好動，難得有安靜的一刻，一個念頭之轉，可以穿透時空的限界，這就是"人心"的寫照。他初時被困太上老君的爐裡，老君要把他——唉，牠——煉成丹，七七四十九日，以為火候夠了，蓋一揭開，原來牠毛髮不損，只煉得金睛火眼，一跳出來，變成廣東話所謂"甩繩馬騮"，連爐鼎也打翻了。

▶《西遊記》木刻插圖

甲：最後還是逃不出如來佛的"五指山"。

乙：作者吳承恩借此表示：佛教比道教高明得多了。聽說在印度原本有"猴王哈奴曼"的故事，唐僧西遊所經八十一難，許多也是印度或者中國的神話傳說。

甲：對，就像《水滸傳》、《三國演義》一般，《西遊記》故事也是由許多民間和歷史記載、神話傳說匯合而成，而組織潤飾，寫定於想像力過人、社會閱歷豐富的吳承恩。

乙：生在明朝這個黑暗時代的吳承恩，在《西遊記》中，以地獄天堂、神魔鬼怪，刻劃世態人情，諷刺現實的政治和社會。你看：理論上公平審判陽間人物一生善惡的地府，只要真有愛情，判官一筆，可以平增二十年的壽命，而且是做皇帝的壽命。

甲：對。好在是唐太宗的壽命，如果秦始皇當初來這一手，或者桀紂之君懂這一套，不得了。

乙：唐太宗再多活二三十年，恐怕也不免權力中毒。

甲：地府中原本有似乎完善的"功過生死簿"，自從被孫悟空一鬧，檔案資料都亂了。

乙：對，電腦染上了"米開蘭基羅"病毒，紀錄變成一片空白，從此人間的生死壽夭，是非善惡，完全失去應有的標準。所謂"報應"，常常失靈了。

甲：連天堂也實在好不到哪裡。大仙享盡特權，小仙惟有偷偷下凡做妖精、吃人肉，才可以一飽。高高在上的玉皇大帝，一遇到事變，就手忙腳亂，一籌莫展。平時威風凜凜的天兵天將，甚至道貌岸然的各路神仙，拆穿了都是酒囊飯袋。一頭猴子，就鬧得他們天翻地覆。

乙：匯合著名的諷刺小品、劉基的〈賣柑者言〉一看，元朝明朝的政治與社會——以至於古往今來的所謂朝廷、所謂政府，就是那麼一回事了。

甲：如來佛收伏了孫悟空之後，就把牠押在——壓在——五指山下。

乙：原來天堂也像多年來的香港——香港本來就被稱為天堂——有死刑，但並不執行的。

甲：當然，上了天堂，又怎會再死呢？再說：孫悟空大鬧天宮，又沒有真正殺過一個"人"。

乙：收押了若干年之後，牠被轉為"勞改"——追隨唐三藏去取西經，協助一切。

甲：唉，這是歷史性的光榮任務，也是苦不堪言的任務——神通廣大、靈活機變、曾經"欲與蒼天試比高"的齊天大聖，竟然要乖乖服從那無事就糊糊塗塗、有事就慌慌張張的唐僧，東奔西跑，水裡水裡去，火裡火裡去，哪裡最危險，哪裡就找孫悟空。

乙：書裡面的唐僧，最大的優點是俊俏而端正，老老實實，一心只取西經。那既貪心、又懶惰、常常闖禍的豬八戒，反而最得他歡心。牠常推卸責任，諉過於孫悟空。唐僧一動氣，就唸如來佛密傳的緊箍咒，令孫悟空頭痛欲裂。

甲：吳承恩自己一定經常偏頭痛吧。不過，"巧者拙之奴"，早已常言有道。而且，糊塗顢頇、不辨忠奸的低能領袖，古今確實多的是。

乙：《西遊記》裡的唐僧，真像象棋裡的"將"、"帥"——沒有它，全局沒有了重心、失去了動力；有了它，一切麻煩從此開始，威風八面的馬，因它而陣亡；馳騁縱橫的車，為它而效命；它自己卻一小步、一小步地侷促在小方格的宮廷，又永遠不和對方的主帥直接見面、開高峯會議，只是犧牲所有手下，來成全自己。

甲：在黑暗的專制政治之中，昏君與英主各有可怕，你看：徐達、常遇春，不是朱元璋的"車"、"馬"嗎？你剛才提到的劉基，不是明太祖的諸葛亮嗎？下場怎樣？相比起來，孫悟空的命運已經好得多了。

乙：也幸虧成了仙就不會再死，而且唐僧還要繼續倚賴"這頭潑猴"

而已。

甲：當然，唐僧其實也不是亂用咒語，不過他是有時錯怪好人，以為悟空猴性不改，錯殺無辜。

乙：話又說回來：歷史上的玄奘法師，堅毅熱誠，精明博學，跟小說裡的唐僧，應該大有差別。

甲：而且大概也並不特別俊美。

乙：他的事跡主要見於《新唐書》、《舊唐書》的〈玄奘傳〉，慧立所撰的《慈恩三藏法師傳》和他自著的《大唐西域記》。他的出國，並非因唐太宗志在祈福而委任，而是自己發願追求真理的熱誠。他回來之時，不錯是受到極隆重的官式歡迎，但他出國是偷渡的、隻身的。

甲：換言之，沒有孫悟空的冒險解難，沒有沙僧的擔重負輕，更沒有豬八戒的左顧右盼。

取經之苦與藝術流入

乙：不過，所歷的“難”恐怕即使沒有九九八十一次，也並不在少。在一千四百多年前的旅行條件下 —— 而且是個人的、無助的 —— 走過一個又一個荒涼的沙漠，白天是火燄山般炎熱，晚上是酷寒徹骨，沿途杳無人煙，只有些零碎的馬骨與人骨，健康稍為不好，就會倒斃。由西域轉入天竺，又是險谷雪山，危崖峭壁。加上當時唐朝與突厥仍然對峙，西域各個小國，依違在兩者之間，對這隻身路過的和尚，往往不只沒有款待，或者還會驅逐呢！

甲：如果經過的是回教國家，這異教徒玄奘早就可能處死了。

乙：那時西域各國都還是佛教國家。所以現在我們看到所謂“絲綢之路”上面，有不少佛教的文化遺跡。

▶ 甘肅榆林窟的玄奘
取經壁畫（局部）

甲：對，敦煌莫高窟就是佛教雕塑、畫像、經卷的寶藏。雖然絕大
部分被西人偷去、騙去、削去了；好在那些洞窟是搬不掉的，
不然，大英博物館之類要再建幾座了。

乙：洞窟寺院在北朝最發達，山西大同的雲崗、河南洛陽的龍門，規
模之大、雕塑之美，是世界有名的。除了天竺風格之外，間中還
看到一些中亞的影響。

甲：對啊，那個時期人物畫也相當發達，這和繪畫佛像和佛經故事的
風氣是分不開的。

乙：偉大的藝術往往是宗教信仰的產品。假如沒有佛教，我們中國
的藝術史就要大大改寫了。

十五、敲門磚與獺祭魚

——八股與考據

科舉八股的利弊

甲：漢魏以來，佛教成了中國文化的一部分，科舉考試也成了中國人生活的一部分。

乙：對。絕大多數人耕田，很少數的農家子弟讀書、考試，極少數的士子中舉、做官，幫助皇帝統治絕大多數人，這就是一千三百多年的耕讀社會。

甲：分"科"來"舉"士，公開考試，人才有上升和用世的合理管道，總比魏晉南北朝用階級出身來壟斷官位好。一個平民，本身的才能加上努力，加上極好的運氣，可以升到一人之下，千萬人之上 —— 雖然最後的權力來源，還是那個千萬人之上，無人之下的皇帝。

乙：科舉用詩賦考才氣，用策論考學識，方法本來不錯。明朝中葉以後，規定用"八股"文體 —— 就是全文分為八個兩兩對比的段落。平心而論，這也不失為一個考核語文能力和邏輯思維的方法。但是，文題、內容都限於《四書》，而且是朱熹的《四書章句集註》，觀點、舉例都受到嚴格的限制，中國知識分子的心靈，

▲ 清代大金榜

從此大受桎梏；中國文化，也因此停滯退步。

甲：對啊，本來是講"心性主宰"的好書，變成了心性的枷鎖，本來是良好的制度，變成了扼殺人才、毒害國家民族的蠢辦法！那些士子，平時已經絕大多數自朱註四書之外，不讀他書；作文之時，更習慣了言不由衷，人云亦云。所以他們稱八股文為"敲門磚"，門開了，磚就拋棄不要了。── 一旦僥倖中舉出身，實際政務以至世事民情，一竅不通，所倚賴的幕僚、胥吏，於是作威作福，上下其手，他們自己則忙着打滾於官場，鑽營利祿，中國的教育與政治，從此大壞了！

清代學風的轉向

乙：當然，也不是所有知識分子都不立高尚一點的志，不讀《四書》以外的書。況且，孔孟的金石良言，朱熹的解釋發揮，也實在鼓勵和幫助了許許多多誠實的人變成君子。清初顧炎武、黃宗羲、王夫之、顏元等大儒，痛心亡國異族，部分原因是明學空疏，所以提倡"通經致用"。後來因為滿清政府文字獄的高壓迫害，學術主流就轉向考據了。

甲：在故紙堆的文字聲韻訓詁之中找精神出路，確是黑暗而高壓的統治之下的一種逃避方法。不要談論政治，甚至不要研究義理，連吟詠詩詞也要小心：別給人套上"意圖不軌"的致命帽子。

▶ 黃宗羲

樸學的興起

乙：對了，到了乾隆、嘉慶那幾十年，就是考據學全盛的時代。當時稱為"樸學"，就是不講玄虛、不務浮華、樸樸實實地，有一分證據，下一分推斷的意思。

甲：這不就是現代人崇尚的西方學術的長處，所謂"科學精神"嗎？

乙：不錯。以戴震、段玉裁、王念孫王引之父子、錢大昕等為首的考據家，讀書博而且精，用心細而且密，論斷謹慎而且精審。在文字的形、音、義，以至古事古物都很有研究。他們每考究一字一音，

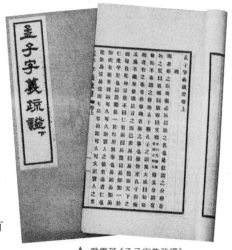

▲ 戴震著《孟子字義疏證》

都儘量搜集資料，羅列許多證據 —— 就像水獺把捕得的魚擺祭在石上一般 —— 有許多新發現和獨到的心得。

樸學的貢獻

甲：我們找一些例子看看。

乙：好。《大戴禮記》〈曾子立事〉篇：

　　君子既學之，患其不博也；

　　既博之，患其不習也；

　　既習之，患其無知也；

　　既知之，患其不能行也；

　　既能行之，貴其能讓也。

甲：意思很好。

乙：好是好，有沒有發覺語句有點問題？

甲：似乎沒有吧？語句很順暢啊──就是幾句“患其”之後都是否定語，只有最後一句不是。

乙：對了，當時王引之就繼承父說，博引他書作為參證，斷定最後一句應該也是“否定式”的“患其不能讓也”，因為“患”“貴”兩字相似，所以傳抄致誤，後人解不通，又魯莽地刪去“不”字。

甲：真不錯。

乙：〈大學〉“齊家治國平天下”的“治”字，現在多讀去聲如“自”，不過有些先生還是堅持要如朱註所說讀“平聲”如“持”，甚至斥罵人家讀去聲“自”音是大大錯誤。聲韻學大師錢大昕卻指出：“家齊而後國治”的“治”，唐朝陸德明音“直吏”反切，即是去聲“自”音，而“先治其國”並無特別註音，可見作為形容詞與作為動詞，“治”字都是同一讀法。

甲：這個問題我也碰過了。其實，“齊家”與“家齊”、“修身”與“身修”、“正心”與“心正”等等，都沒有異音，為什麼“治國”與“國治”的“治”字，要平仄兩讀呢？

乙：你的講法就是錢大昕的講法了。

甲：真好。這是邏輯學的歸納推理方面的“剩餘法”。

乙：我們以前提過文學批評寶典《文心雕龍》，這書舊日題為“梁劉勰撰”，其實是有問題的。

甲：劉勰是卒於梁代啊。依照傳統習慣──

乙：問題是：《文心雕龍》並不是完成於梁代。

甲：何以見得？劉勰自己在序文中有沒有說？

乙：就是沒有，所以要推斷。線索主要在其中那篇講歷代文學發展的〈時序〉。

甲：怎樣的線索？

乙：第一，〈時序〉篇只有在“齊”朝之上，用一個“皇”字──當然，沒有提梁代。

第二，古代帝皇死後，作為政府首長，有"謚號"——例如李世民是"文皇帝"；作為王族家長，有"廟號"——例如李世民是"太宗"，〈時序〉篇對歷朝君主都用謚號，對齊朝皇帝則用廟號，即是以齊為自己的朝代了。

第三，歷朝君臣的文章，劉勰都有褒有貶，惟是齊朝的，都只用敷衍的話讚美，大概是因為同在一個時代，避免有所開罪。可見，劉勰寫成《文心雕龍》，應該在齊代。

甲：推理周密，令人佩服。

乙：不要佩服我。上面所說的，是晚清劉毓崧的發現。他並且博搜證據，定出《文心雕龍》的寫作完成時間，是在公元四九八年至公元五〇二年之間。

甲：這是歸納推理的"差異法"，用得這樣好，真令人拜服不已，要伏地而拜了。

乙：伏地？粵音口頭語怎樣說？

甲：口頭我們用好像"奴僕"的"僕"字音，唸書就讀如"佩服"的"服"字音。

乙：我們都知道，粵語保存了許多中古和以前的音，和只有幾百年歷史的北方官話——即是現代的國語——很不相同，"伏"讀如"僕"，就如"文"、"微"、"無"、"晚"、"望"、"務"等，都是雙唇發音，而不是像國語般唇齒發音，是不是？

甲：是啊，據說閩語至今還沒有唇齒音，"房"、"肥"讀如"旁"、"胖"，看來雙唇音比唇齒音的歷史長得多了。

乙：還有，"妃"和"配"、"否"和"不"、"負"和"背"、"繁"和"頻"等等，這些在現代一讀唇齒音、一讀雙唇音的字，在古書裡都是音義相通，是不是？

甲：是啊，到現在也是同義詞；義同則聲音相近，許多時候都是這樣。

乙：“朋”古人解釋為“鳳”，“憑”字從“馮”得聲，是不是？

甲：“有朋自遠方來”即是“有鳳自遠方來”嗎？有趣有趣。

乙：唉，不是不是，“朋”字古人解作“像鳳鳥之形”，大概比孔雀的尾巴還要富麗吧。鳳鳥一出，群鳥跟從，陣容浩浩蕩蕩，所以引申為“朋黨”、“朋友”。你那句出於《論語》第一章的話，早已用引申義為本義；而最先“鳳鳥”的本義，已經漸漸消失了。

甲：對。朋友四方有，鳳凰何處求？

乙：我們回到原來的話題吧。從上面種種例子看，我們是不是有一個初步結論，就是：古代唇齒音的字很少，甚至可能沒有；它們都讀為雙唇音，不過後來一部分分化成為唇齒音。

甲：我想可以吧。

乙：這便是錢大昕在聲韻學上的一大發現了 —— 當然，他搜羅的例證多許多許多倍，又有音韻上的學理根據。

甲：啊，這是歸納推理的“契合法”了。

乙：對。用同一方法，他又發現舌上音，如“之”、“橙”等等，古代讀舌頭音，如“的”、“登”。

甲：對了！難怪文言的“之”字如白話“的”字，而粵語又都發音如英文的第四個字母了；還有，難怪“橙”字以“登”為音符，而在閩南話流行的台灣，他們又通稱之為“柳丁”，而不是國語的“橘子”了。

乙：所以，總的來說，清代考據家所用的方法，是相當科學的。

樸學的弊病

甲：不過我們有一個問題：作為清代學術主流的考據學，既然這樣精密、這樣科學，中國自古又有種種走在世界前端的科技發明，為什麼又開展不出現代科學，弄到許多方面都這樣落後？

乙：唉，這是一個極大的問題，我看要特別總結討論一次，不過，就
　　考據學來說，他們研究的對象範圍，你看怎樣？

甲：只限於語言文字和上古的制度、文獻。

乙：對，不是自然實物，也不敢接觸當前實務，生怕碰到了政治的
　　毒鉤。

甲：所以他們雖然號稱"樸"學，但實在"實"得不夠全面。

乙：而且也能"實"而不能"虛"──沒有研究純粹的知識問題──
　　例如怎樣建立邏輯推理的原則，怎樣進行抽象思考等等。至於
　　我們以前談過一下的"君權"問題，更是想也不敢想了。

甲：難怪後來五四新文化運動，要請進"民主"和"科學"兩位洋先
　　生了。

▲ 章學誠及其所著《文史通義》

十六、絕妙好辭

　　——中國文字的彈性

甲：乾嘉時代早過去了，到現在還是有些訓詁專家，對文字聲韻樂此不疲，真有趣。

乙：部分是因為他們的學問慾 —— 文字聲韻之學，本來就是科學。同是"學中文"，寫詩填詞，是藝術創作；談文論賦，是藝術欣賞；講諸子百家，是義理的體會與發揮；至於研究文字的形、義，聲韻的古、今，既不關乎聲音書法的美醜，也不牽涉到人生的意義與價值，而只是以純然客觀的態度研究真假，所以是一門科學。

甲：另一部分呢?

乙：是因為中國文字，本來就相當有趣。

甲：你是說"六書"的結構?

乙：這個當然是，不過，我們今天還是不要談這些過於學術性的問題。我只是想：我們這一陣子對談中國文化思想，文化思想的重要表達工具便是文字，而中國的文字，又是如此靈活，有時甚至很難把握。

> **六書**
>
> 　古人將漢字的構造規律歸結為六種條例，稱為"六書"，即象形、指事、會意、形聲、轉注、假借。其中象形、指事、會意，形聲四項是造字的原理，稱為"造字法"，而轉注、假借兩項是使用的方法，稱為"用字法"。以前四者為最基本。

甲：請舉些例。

古籍文字的模棱

乙：《論語》〈為政〉篇，孔子答一個弟子問孝，說："無違"，就這簡單兩個字，好在別人後來再問，孔子就補充說是"不要違背禮"。到另外一個弟子也問孝，孔子說："父母唯其疾之憂" —— 這個"其"字，究竟是如朱熹所說，是指"兒女"呢，抑或是指父母自己?

甲：父母愛子之心，無微不至，所以子女要自愛自重，朱熹的解釋很有道理啊。

乙：不錯。不過，父母老了，健康自然退步，為人子者，難道不應該噓寒問暖，恐怕他們生病嗎?

甲：也很有道理。孔子自己的意思怎樣?

乙：如果下文有補充，還會成為問題嗎? 還有：又一個弟子問孝，孔子答道：“色難” —— 因為，有酒食，先供養父母；父母有事，替他服務，這都是不夠的。問題是，“色難”是指承順父母的意旨，鑑貌辨色呢? 還是指兒女自己除了供養和服務，還要恭敬而且甘心地做、和顏悅色地做?

甲：朱熹怎樣解釋?

乙：他是偏向後者，但也說前者亦通。

甲：總之做到就好。孔門之教，本來就重在實踐。

乙：這當然對，問題是文字本身實在是什麼意思，也要弄清楚。實踐是道德問題，文章的本來字義如何，是科學問題。有時甚至牽涉到“實踐什麼”的問題 —— 就是說：如果聖人本來的話也搞不清楚，就以為“凡是聖人說的我就去做”，甚至號召他人去做，強迫他人去做，那後果不是很壞嗎?

甲：不會這樣嚴重吧?

乙：會啊。舉一個例：《論語》〈泰伯〉篇，孔子說：“民可使由之不可使知之”，你說怎樣解釋?

甲：“民可使由之”，人民可以使他們跟從，“不可使知之”，不可使他們知道 —— 這豈不是愚民政策? 打倒 ——

乙：且慢。原文會不會是：“民可，使由之；不可，使知之”呢? 人民已經同意，就叫他們一同跟着做；如果不同意，就對他們解釋，使他們明白 —— 孔子不是萬世師表、偉大的教育家嗎?

▲《道德經》

甲：這又有道理。我看還可以斷句為：「民可使，由之不可；使知之」
呢！——人民可以發動，不過，聽任他們亂動就不可以了，最重
要是讓他們明白事理——我看這也差不多。

乙：是不是差不多，要問問老夫子。

甲：唉，有時還是道家比儒家吸引。儒家嚴肅認真，道家什麼都差
不多。

乙：其實道家也有類似的問題。《老子》第一段就有問題。

甲：什麼問題？

乙：《道德經》第一章：「道可道非常道名可名非常名無名天地之始有
名萬物之母故常無欲以觀其妙常有欲以觀其徼此兩者同出而異
名同謂之玄玄之又玄眾妙之門」。

甲：真佩服，你不是在背後接了氧氣筒吧？一口氣唸了六七十個字。
不過，坦白說，我不知道你說什麼。

乙：我自己也不確實知道，因為原文本來沒有標點。

甲：學者們怎樣解釋？

乙：開頭兩句還好：說得出的道理，就不是經常不變的道理；用得

着的名詞，就不是經常不變的名詞。

甲：有道理，真正的大道是說不出的，什麼主義，什麼學說，都不是永恆真確。名詞更是如此，英文叫 you，中文叫"你"，古文叫"爾"，難怪日本人叫文字符號做"假名"了。

乙："假名"本來是佛家語，這不說了。下文跟着那幾句就麻煩了，究竟是"無，名天地之始"呢？還是"無名，天地之始"？一個名詞不同，一個概念不同，整套學說就有不同的解釋。要認真地做學問研究，非先弄清楚不可。

甲：我看下面跟着那一大串更令人頭痛，現在先放過我們自己吧。

乙：好。古書裡面，同音假借而招致後人誤會的固然極多，因為原先沒有標點斷句，一個字不知屬上句抑或屬下句，而弄到解釋者聚訟紛紜、莫衷一是的，也並不在少。至於正史和專門著述裡面某些名詞，例如天上的星宿名稱、域外的民族名稱等等，一大串連在一起，中間不知道究竟該停頓在哪裡，於是從哪個字到哪個字是一個詞也不知道，這些難題，許多到現在還沒有辦法解決。

甲：對啊。好在有些大學研究所入學試的"文言文斷句分章測驗"，大概不會選這些，否則要請太白金星下凡來解救了。有個"落雨天留客天留人不留"的民間故事，也是這個性質。主人究竟留客不留，真是耐人尋味。

乙：有個刁鑽墊師和刻薄東主訂約，寫明待遇是：

無魚肉也可無雞鴨也可

清茶淡飯不可少薪水也不要

當初東主以為真好：不要雞鴨魚肉，甚至不必薪金，只清茶淡飯就可以了。怎知墊師堅持是：沒有魚、雞，那麼，肉、鴨也勉強將就了，清茶淡飯當然太不成話，薪水少也不能接受。

甲：我看要鬧到教育局，鬧到勞資審裁處了——現代用白話文，用標點，情況應該好得多。

乙：應該是。你看，甚至陸機〈文賦〉、劉勰《文心雕龍》這等文言文學的絕好作品，許多詞義都不免分歧爭訟，就知道民初的白話文運動為什麼迅速成功了。現今說理敘事，要清晰準確，為配合時代的要求，非用白話文不可。

現代文字的模棱

甲：不過，有時連現代白話文也會出現歧義。

乙：例如呢？你是說，你問她："意中人有未？"她答："未有人中意"，結果成其好事，怎知婚前，"在你左右"；而婚後，"在左右你"，給你吃的，由"牛肉 —— 湯麵"變成"牛肉湯 —— 麵"。是這樣嗎？

甲：有趣有趣。我另外搜羅了不少例子：

"某公司無計劃加價"

—— 是某公司並無加價計劃呢，還是某公司無計劃地亂加價？

"香港舉行三大研討會"

—— 是三個大研討會呢，還是三所大學的聯合研討會？

"李老闆禁止談話"

—— 是李老闆禁止他人談話呢，還是他被禁止談話？

"香港大學教授張君"

—— 張君是香港大學的教授呢，還是香港的大學教授？

"六朝文論"

—— 是六朝的文學理論，抑或有關六朝文的評論？

"某君主張曠課有罪"

—— 是某君因主張曠課而有罪呢，還是曠課這種行為，某君主張有罪？

"某團體反對派某君赴美"

—— 是某團體的反對派某君自己赴美呢，還是某團體的人，反
　　對派某君去美國？

乙：對，是有點問題。不過，這是因為中文字重在視覺，所以有很強
　　的濃縮傾向，你舉那些例也可以説和文言沒有分別。

甲：下面的講法你看怎樣？

“我和瑪麗一家兩口”

—— 我和瑪麗是一家人呢，還是瑪麗一家兩口和我？

乙：如果是後者，改為“瑪麗的一家”或者“瑪麗的一家兩口”就妥了。

甲：如果本來是前者，怎樣避免令人誤會為後者呢？

乙：這就有點麻煩了。

甲：又像所謂

“再用信封”

—— 可供再次使用的信封，抑或要再用某個信封？

乙：這得看上文下理，決定它是一個名詞抑或是一個“動名”詞組
　　吧。如果這四個字印在信封上面，應該是前者了。

甲：下面這些例子又怎樣呢？

“黃某和王某論戰爭”

—— 是黃王二君共論呢，抑或黃王二君分頭自論？

“何某的丈夫出外病了沒人陪”

—— 是何某在丈夫出外時病了呢，抑或丈夫自己病了？ 還有，
　　“沒人陪”的，究竟是何某，還是丈夫？

“要關心照顧你的朋友”

—— 要關心那個照顧你的朋友呢，還是要關心並且照顧你的
　　朋友？

“他主張：財產與妻子共有”

—— 他主張與妻子共有財產呢，還是一般性地主張，要財產、
　　妻子都共有？

　　　　"找尋陳某的女人"

　　　──是一個（或者一些）找尋陳某的女人呢，抑或找尋屬於陳某
　　　　的女人？

　　　　"少年勒索他的姑丈被拘"

　　　──是少年因勒索姑丈而被拘呢，抑或他的姑丈被拘？還有，
　　　　他的姑丈是不是和勒索有關？

　　　　"趕快走過去某個地方"

　　　──是走往某地呢，還是走經某地？

　　　　"一手按着你的朋友"

　　　──是那朋友一手按着你呢，抑或你的朋友被一手按着？

　　　　"某君這樣騙太太，為什麼？"

　　　──某君為什麼騙太太？抑或某君為什麼這樣騙？

乙：唉，我看夠了吧！想不到普普通通一句話，會有這些分歧的意
　　義。別的文字不知怎樣。

甲：這要請教懂外文的朋友了。我猜"歧義"在各國語文裡都是難免
　　的。中文的字形不像英文，不因詞性不同而改變；又沒有前置
　　詞之類的規限，一個字稍為調動一下次序，詞性和意義就大有差
　　別，所以藝術性非常強。

迴文：漢字的巧妙排列

甲：從前廣州有一家茶樓開張，懸賞徵聯來大作廣告，上聯和冠軍的
　　下聯是：

　　　客上天然居　居然天上客

　　　人過大佛寺　寺佛大過人

　　天然居是茶樓的名稱──我們現在還叫"茶居"，大概水滾茶靚
　　點心精美招呼親切，所以人客居然如在天上，這當然是宣傳的話

了。它巧妙而難對的地方,在上五字與下五字完全倒過來,下聯對得也不錯,大佛寺是廣州名勝,"大過人"是粵語句法,即是"比人大"的意思,當然不及上聯那樣自然,不過,居被動的劣勢而能夠如此,也不差了。

乙:是啊,"迴文"這種體裁,英文好像也有所謂 Palindrome,不過和中文的精巧差得遠了。大文豪蘇東坡佳作最多,例如他的一首〈菩薩蠻〉詞,寫春閨的怨婦:

翠雲斜幔雲垂耳,

耳垂雲幔斜雲翠。

春晚睡昏昏,

昏昏睡晚春。

細花梨雪墜,

墜雪梨花細;

輕淺會誰人?

人誰會淺輕?

每兩句相倒,而又細膩柔婉,真是才人妙筆。

甲:我也看過一首不知誰人寫的"雙迴文詩",每句前半後半相倒逆,而全首又可以由末句倒過來讀,都是一首合平仄、合對仗的七言律詩——當然是不能、也不必用標點了。

絕塞關山關塞絕

憐人可有可人憐

月如無恨無如月

年似多愁多似年

雪送花枝花送雪

天連水色水連天

別離還似還離別

　　　　懸念歸期歸念懸

乙：唉，心思真靈巧啊。

甲：那天又看到報上登載清代女詩人吳絳雪的〈四季〉迴文詩一組：

　　　　鶯啼岸柳弄春晴夜月明

　　　　香蓮碧水動風涼夏日長

　　　　秋江楚雁宿沙洲淺水流

　　　　紅爐透炭炙寒風禦隆冬

乙：怎麼讀法？

甲："春"詩是這樣的：

　　　　鶯啼岸柳弄春晴，

　　　　柳弄春晴夜月明；

　　　　明月夜晴春弄柳，

　　　　晴春弄柳岸啼鶯。

　　就是：每首詩只用十個字，順讀得兩句，倒讀得兩句，合成一首
　　有意境，有文采，平仄格律又中規中矩的詩，分別切合四季的
　　景色。

乙：才女！才女！從前婦女教育沒有現代這麼發達。不過蘭心惠
　　質的善懷女子，一受文藝的陶冶，便超出許多男子了。晉代竇

▶ 半字頂真回環體：
夜來天上星稀明，
月下高吟李白詩。
寺遠不聞鐘鼓便，
更深卻見斗牛移。
多少神仙來聚會，
人間一世使心機。
幾時到得桃園洞，
同共神仙看象棋。

迢遠徙西域流沙，妻子蘇若蘭思夫情切，織錦為迴文璇璣圖詩八百四十字，寄贈丈夫，令人感動。另外有一首迴文七律，也不知是誰人作的，從哪一句開始都可以，順讀倒讀都可以，也是妙絕 —— 最好是寫成這樣一個大圓圈：

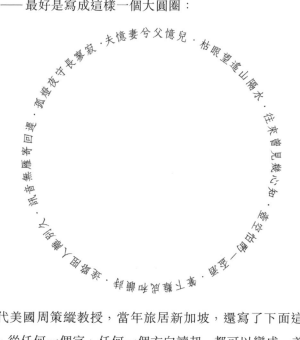

甲：當代美國周策縱教授，當年旅居新加坡，還寫了下面這二十個字，從任何一個字、任何一個方向讀起，都可以變成一首五言絕句，描寫當地的熱帶風光呢！或者我把它放進你的大圓圈吧：

當然，要作對偶的律詩就更難了。

對聯：中文特有的藝術品

乙：律詩和駢文、對聯是姊妹文體，都是把中文獨體單音、巧於對
　偶的特點發揮盡致的，古今佳製多到不得了。有些是或巧或諧
　的，例如：

　　水底月為天上月
　　眼中人是面前人

　　無酒安能邀月飲
　　有錢最好食雲吞

甲：這也有港穗風味了。宋人那首利用平仄異義的也很妙，你看：
　　雲朝朝朝朝朝朝朝朝散
　　潮長長長長長長長長消

乙：啊，真可謂驚世動俗了，怎麼讀？

甲：他是描寫一個早上則雲聚，中午則雲散，而潮水漲退又像天地呼
　吸的壯麗景色，斷句是一，二，三，四；上聯第一、三、四、六、
　八字的“朝”，作“朝早”解，其他作“朝見”解；同樣，下聯第一、
　三、四、六、八字的“長”是“長久”，其他則是“漲”的意思。
　你研究研究好了。

乙：好。不過對聯也有巧妙而又極其莊嚴正大、斥奸罵佞的，好像
　那副名作：

　　民猶是也，國猶是也，何分南北？
　　總而言之，統而言之，不是東西！

　真把野心勃勃的袁世凱罵得淋漓痛快。

甲：對，可以媲美梁任公的洋洋大文：〈異哉所謂國體問題者〉了。

乙：到梁任公的學生蔡鍔起義雲南，袁世凱就失敗病死了。雲南滇
　池大觀樓那副對聯，不是最長，但是最好，氣勢之流暢、用字之
　精煉、聲韻之鏗鏘，實在令人擊節讚賞：

　　五百里滇池，奔來眼底。披襟岸幘，喜茫茫空闊無邊。看：東驤神駿，西翥靈儀，北走蜿蜒，南翔縞素。高人韻士，何妨選勝登臨。趁蟹嶼螺洲，梳裹就風鬟霧鬢；更萍天葦地，點綴些翠羽丹霞。莫辜負四圍香稻，萬頃晴沙，九夏芙蓉，三春楊柳。

　　數千年往事，注到心頭。把酒凌虛，歎滾滾英雄誰在？想：漢習樓船，唐標鐵柱，宋揮玉斧，元跨革囊。偉烈豐功，費盡移山心力。儘珠簾畫棟，捲不及暮雨朝雲；便斷碣殘碑，都付與蒼煙落照！祇贏得幾杵疏鐘，半江漁火，兩行秋雁，一枕清霜。

甲：真的是迴腸蕩氣、絕妙好詞了。

乙："絕妙好辭"？ —— 黃絹、幼婦、外孫、韲臼。

甲：什麼？這不是"曹娥碑"上面，碑文之後的八個大字？曹操猜了半天，走了三十里，才猜到當初楊修一早便猜到的答案。

文字謎：雅俗共賞的遊戲

乙：對。黃絹是有色的絲，幼婦即是少女，外孫是女兒的兒子，所以是"絕"、"妙"、"好"三個字；韲臼即是搗碎辣菜、鹹菜之類作為調味品的那個缽，容"受"的是"辛"辣的東西，受、辛兩個字合起來就是"辤"，即是"辭"字的古老寫法。簡單説，題這八個字就是讚〈曹娥碑〉寫得好。這是中國古代一個著名的、離合體的謎語。

甲：中國歷代崇尚文藝，最聰明的人大多把精力費在文字上面，餘緒所及，就發展為這類文字遊戲了。宋朝時候，開始把謎語繫在元宵的花燈上，讓人競猜，到明朝，燈謎就專向文字方面發展，有許多窮精極巧，甚至大鑽牛角尖的"謎格"了。

乙：對。中國文字多數由幾部分合成，又有偏旁部首、平仄異讀、諧音假借、會意象形種種性質，中國歷史又長久，文章和典故多的是，文人就絞盡腦汁，想出種種有趣而又有今日所謂"挑戰性"的燈謎了。

甲：以前許多謎底是出於唐宋詩詞、《四書》和著名的章回小說，現代人讀的書變了，生活接觸面不同了，燈謎就改頭換面，繼續發展。

乙：對了，譬如"昭君出塞"，猜一位近代學者，捲簾格，你說是誰呢？

甲："昭君出塞"就是嫁去番邦，嫁的古代說法是"適"，就是適胡；捲簾格是倒過來讀，就是"胡適"了。

乙：有副描寫風景的對聯：

　　遠樹兩行山倒影

　　輕舟一葉水平流

你看猜一個什麼字？

甲：是個"慧"字吧。

乙：為什麼？

甲："慧"字最上的部分不是像兩行樹嗎？中間不是斜倒下來的"山"字嗎？最下"心"字那一鈎算是小舟，三點就是平流的水了。

乙：好，不錯，不錯。

甲：有人還利用《西廂記》故事寫成一首曲：

　　普救寺，草離離；

　　空花園裡或寄居。

　　夫人有病頭難起，

　　一炷香，卜告神祇。

　　薄暮日沉西，

　　張生長別離；

雖有約，誤佳期，

錯認了白馬將軍至矣！

猜的是：《孟子》一句。

乙：這真太難了！你還是告訴我吧。

甲：第一、二句，"普"字離開了"草"頭，是個"晉"字。

第三句，"園"字空了，換進"或"字，合成"國"字。

第四句，"夫"字"頭難起"，變成"天"字。

第五、六句，"一"加"卜"，是"下"字。

第七句，"暮"字"日"沉西，便是"莫"字。

第八句，"張"字裡面的"長"別離了，變成"弓"字；

而第九、十句，"雖"字誤了"佳"期，剩下左旁，和"弓"字合成"強"字。

最後一句，似"馬"非馬，是個"焉"字。

所以，謎底是《孟子》〈梁惠王〉上篇的"晉國天下莫強焉"。

乙：巧妙是很巧妙了，不過中間有點牽強。至於"雖"字的右旁，是"隹"字不是"佳"字。這也算了，如果在今天，讀《孟子》和讀《西廂記》的人，都少之又少，即使獎品是洋樓一幢，也不容易有人猜中了。

甲：當然，只有中文才可以寫出這樣的藝術品，這是肯定的。——不過，我想起一個問題。

乙：什麼問題？

中文的"彈性疲勞"

甲：為了促進聯想、適應格律而靈活調動，中文——特別是文言文，發揮了最大的藝術性和彈性。所付出的代價，是不是千百年來，耗費了太多知識分子的精神心力，也導致文字本身歧義滋生，難以準確？而且，互為因果地影響了中國人的思維方式、思考習慣，於是最後影響了中國文化？

乙：這個問題真不簡單，以後真的要多想想。現在還是一發就收，點到即止吧。

十七、神州回顧三千年

——傳統文化的總檢討

人文的文化，人心為本

甲：中國文化，以"人"為貴，以"人文"為價值，以"人心"為根本。

乙：對，中國自古以"人"參於天地之間，共稱為"三才"，是生命個體之中最高貴的一種。人之所以可貴，在於文化，而文化的表現，主要是倫理道德，中國人一向不熱衷於歸依神權，不縱情於物慾滿足。一切價值，根源於人的內心判斷；一切行為，以人的主體意志為原動力。

務實際

甲：中國文化，發源於東亞大陸，開展於黃河流域的農耕生活，所重在現實的人生。

乙：所以宗教信仰、神話、玄虛的想像、抽象的思維，比起海洋型的西方古希臘文化，便不夠發達，純粹探索觀念、名詞問題的名家，在中國也甫興起便告夭折。

尚協和

甲：着重現實的人生，所以崇尚和諧調協的天人和人際關係。

乙：對啊。農業社會的人，世世代代聚族耕作，自然知道風調雨順和親睦合作的重要，所以，身體不要"違和"、朋友不要"失和"、"家和萬事興"，再進一步，"政通人和"，就連常常在人間活動的"和合二仙"，都"皆大歡喜"了。總之，一切"以和為貴"。

甲：重視協和，所以和平包容，而惡走極端。

乙：孔子所說"君子和而不同"，〈中庸〉所謂"道並行而不相悖，萬物並育而不相養"，《周易》所謂"天下同歸而殊途，一致而百慮"，長期以來在這方面都起了指導作用；而"黨同伐異"、"執一廢百"在中國文化中是負面意義的成語。道家、佛家，就更勸人不要"執著"了。儒、道、佛都是和平的思想。中國人從來很少歌頌武力、炫耀勝利、稱讚侵奪；難怪現代飽受西方文化洗禮或者飽受殖民帝國"教訓"的中國人，覺得鄭和下西洋而不拿幾個殖民地，是太笨太笨了！

重道德

甲：人際關係良好，主要在於互諒互讓，自尊自制。自制就是不放縱情慾，自尊就是恥為他人所鄙，於是發展而為倫理道德。

乙：對。《尚書》〈大禹謨〉所謂"正德、利用、厚生、惟和"，要協和，首先要各人"正德"。

甲：古人進一步發現：正如五穀的生命根源在果實內心的種子，動物生命的象徵在心臟的跳動，所以，道德就是人群生命之所寄，而其根源就在於人的內心——

▶ 劉明達賣兒養文田的孝子故事磚雕

內心對善惡的分辨，內心對為善
去惡的平安喜悅之感。

乙：這便是儒家所標舉的"仁"了。
由"仁"的原理，開展"義"的
原則，產生"禮"的細目，主宰
"智"的活動，達到人我共"信"
的目標，這便是人之所以為人
的特別之處。

甲：是的；發現並且崇揚這個可貴
的人性光輝的特質，使人知道
人的價值在於為善，而為善的
原動力在於自己，這是儒家的
偉大貢獻，也是中國文化對世
界的重要貢獻。

▲《周禮》 儒家"仁"與"禮"思想在民間
的延伸

乙：到現在，我們還以"仁心仁術"讚美醫師，崇尚"當仁不讓"、"見
義勇為"、"富而好禮"、"才德並備"、"品學兼優"，貶斥"有文
無行"、"為富不仁"。即使盜賊、乞丐、妓女，一冠上"俠"、"義"
等字，便變成受人尊敬的正面人物。再看看電話簿，與道德有關
的名字，仍然佔了很高的百分率。

道德主義的流弊

甲：對。不過，重視道德而致貶抑其他文化價值，也不免有所偏蔽，
知識、藝術、經濟等等，在中國的發展就很不夠理想。借道德為
名以遂當權者一己之私，鼓吹愚忠愚孝，更有極其惡劣的影響。

乙：宋儒所謂"餓死事小，失節事大"，這話固然惹人反感；陋儒、
法家與暴君聯合炮製的"君要臣死，不死是為不忠；父要子亡，

不亡是為不孝"的講法,更是奴性甚至獸性的倫理。

甲：對。壓抑一方的人性去滿足另一方的動物性,這根本不配稱為
"道德"了,遍查孔孟之書,何嘗有"禮教吃人"的主張?

乙：假道學、真法家,最是可惡!

甲：平心而論,道學先生也有他們卓越的貢獻 —— 就是在嚴格的自律
和心性原理的探索上面。理學的成就,在道德哲學上大放光彩。

乙：不過,對實際政務和知識的文化一無貢獻,這也很難說不是理學
的缺失。

甲：對。所以,以儒學為骨幹的中國文化,因為務實所以講道德,
於是講心性良知,結果變成不務實。還有,因為務實,所以器用
之學很早發展,但不重似乎無用的純理思考,結果理論科學不發
達,實用科學也無法突破,而且,重道德而致輕知識,於是不論
理論科學或實際科學都不受鼓勵。到近代遇到西方文化,以我
之短逢人之長,於是大吃其虧。

乙：重德輕智,重心輕物,這當然是很大的偏差,不過如果矯枉過
正,走上重智輕德,逐物忘心的路,害處也並不少,這點我們最
要小心。

主心性

甲：好,"小心"。你看:"撫心自問",我們的身上都流着中國文化
的血液,儒家之外,道、佛二家也都以心為本,相信我們大多數
人,都覺得自己內裡有個靈明的主宰。所以有人說中國文化是
"內傾"、"內省"的文化。

乙：有道理,不過,絕對的有"心"無"物",或者有"物"無"心",
都不適合中國人好兼容、講折衷的思維習慣。而且,絕對"唯
心"、"唯物"地各執一端,恐怕也不合事理的真實。

甲：對，所以，為"唯心"、"唯物"而大動干戈的老兄們，可以休息休息了。

親家族

乙：你稱他們為"老兄"？

甲：對，因為"四海之內，皆兄弟也"。從前在母校，校長、國文老師常常訓勉自不用説，連在課外活動教太極拳的師父，都喜歡講這個道理。

乙：所以你這個徒兒就念念不忘了。

甲：不止我，我幾乎所有的舅丈姑姨、表兄表弟，甚至侄兒、甥女都出身於這間學校。一班師叔師伯，他們的徒子徒孫，都親愛和睦，如足如手；並且要推廣出去，愛祖國的同胞，愛普世的人類。

乙：教得好。"親親而仁民，仁民而愛物"、"民胞物與"，真是聖人之教、中國文化的精粹。也幸虧你剛才説中文，所以親戚名目豐富而準確，如果是英文，只是 uncle、aunt、cousin，來來去去兩三種，簡單是簡單了，卻籠統含糊一點。

甲：不過他們語文之中的"時態"、"位格"，卻嚴謹細微得多，我們就"大而化之"，不大興這一套。

乙：這也是中西文化的差異。聽説西人十八九歲後便離家自立，國民都靠平時納重税，以及工作機構的公積金、退休金以至人壽保險之類來防老，在西文字典裡，是沒有"慈烏反哺"這個詞語的。

甲：做學生、做兒女的，甚至面叫師長和雙親的小名呢！當然，彼此雖是兩代，但都是"主內兄弟"，上帝才是眾人之父，他們也可以説出個道理。

乙：這道理恐怕中國人還是有所保留。"十誡"也説："當孝敬父母"。西方文化因為重視個人的權益與尊嚴，鼓勵獨立與競爭，進步是進步了，人間的爭執、家庭的破裂，也與日俱增。西方式的現代社會，不錯是兒童與少年的天堂——竭力照顧下一代，本來就是最強烈的動物本能——但壯年人、中年人，在那無形的殺戮戰場奮鬥幾十年後，最後面對的是眾未必叛而親已先離的地獄，這又未免淒慘了點。

甲：對，在今日中國社會，雖然已經很大程度上西化了，朋友之間，還是稱兄道弟；世叔世伯，家族之間，還是互相照顧，增加了不少人間的溫暖。而且，為了家族榮譽，人也會多一些奮鬥，少一些犯法。

家族主義的流弊

乙：中國人家族觀念特強，這當然是農村社會長期陶鑄的結果，其中的流弊，也不是沒有。

甲：例如呢？

乙：第一，家族觀念擴大到政治上，君父日尊而臣子日卑，後者的獨立人格和自主精神，不能發展。並且，一人的功過榮辱，都株連到整個家族，也是不公平、不人道。

甲：對啊。暴君明成祖誅人十族，簡直是禽獸中的禽獸。

乙：第二，儒家主張由近及疏的"推愛"，又主張選賢任能，兩者必然發生矛盾。

甲：對。家族之情重，則法制之念輕。裙帶關係，以私害公，是中國人社會的通病。

乙：第三，儒家以親族倫理擴大為國家倫理，所謂"齊家治國平天下"的〈大學〉之教，深入人心。但是，慈父未必便有孝子，賢相更常常碰不到聖君，此其一。況且，血緣關係、婚姻關係、僚屬關係，三者的本質大有不同，權利義務的觀念也不一樣，把"國家倫理”與“親族倫理”聯繫結合，只會造成無可解決的理論上的困局。

崇往古

甲：這幾點我都同意。古人因為文化範圍限於以中國為尊的東亞大陸，學習典範限於聖經賢傳，又因為農業社會安定而缺少變化，所以往往崇古太過。現代的我們，當然不同了。

乙：對啊。以往有問題，首先查查：看古聖先賢怎麼說，如果“不見經傳”，便求神問卜、佛前許願。現在更可以找《聖經》求教，向真主祈禱。

寬宗教

甲：甚至查查什麼“可夫斯基如是說”。不過，我想大家都發覺：西方由猶太人而來的傳統，是“除了我之外，你不可有別的神”；中國傳統是：“民，神之主也”——見《左傳》僖公十九年——在崇道德、尚協和、務實用的文化精神之下，一切神靈都是善良的、寬大的，而且都是為了人的福祉而存在的。

乙：所以，只要神枱容得下，可以多放幾隻香爐；只要香爐還有空位，何妨多插幾炷香？人家可能批評我們信仰不夠嚴肅，我們才不願意學人家這樣狹隘。

甲：所以，中東與西方式的宗教狂熱、宗教戰爭，在中國從未發生。士大夫則講“三教同源”；小市民則財神灶君、土地城隍、天后關帝、榕樹頭、石敢當、金花娘娘、送子觀音，只要有益有用，無所不拜。

十八、貞下起元看今朝

——二十世紀中國文化的回應與挑戰

中國文化最大的轉變機運：現代

甲：二十世紀，是整體人類有史以來最波譎雲詭的世紀。在這世紀的中國文化，在"數千年未有之變局"中，面臨了"貞下起元"、"窮通剝復"的轉捩點。

乙：好一個"窮通剝復"、"貞下起元"！古老的《周易》，透現了中國人的智慧，它啟示我們："變易"是天地間唯一的"不易之理"；水盡山窮，更不能不用變來求通。二十三卦"剝落"之後，反過來就是二十四卦的"回復"；象徵健行不息的"乾"卦，它的四大功能：創始的"元"、通達的"亨"、協和的"利"、完成的"貞"，周而復始。

甲：我們上次檢討過了，由於沒有民主，無數人才被壓抑摧殘而不能效力；由於開展不出科學，人才的心力過分集中和消耗於詞章訓詁，於是中國文化就活力衰頹，萎弱不振，在情況已經很壞的時候，卻碰上了當時得令的殖民帝國的侵略。

乙：歷史的悲劇、民族的慘劇。

近代史的回顧

甲：鴉片戰爭轟開了天朝之門，腐敗的滿清碰上了強悍而貪婪的大英帝國。近代中西文化的接觸，就以這樣不幸的方式開始。以往的戎狄，游牧於草原，流竄於沙漠，即使攻掠中原，不久就被我們的禮樂文教所同化。現在的"夷人"，來自西洋，逼我東海，利炮轟如怒雷，堅船疾似閃電，明顯是非我所及。所以，中國人的最先反應，是"師夷之長技以制夷"，開始了自強的洋務運動。

乙：可惜洋務運動二十多年，兵不強，國不富，反而甲午一役，敗辱於曾經受我文化哺育的東洋鬼子，割掉了比香港大三十六倍的台灣，甚至遼東半島。長期忠順的藩屬朝鮮，也離我而去。要炮

天下為公

孫文

利船堅，先要修明政治，於是戊戌維新。維新百日，演成了戊戌政變。滿清這個部族政權，封閉自私，顢頇腐敗，非推翻不可，於是辛亥革命。不少人一度寄望於保皇黨的，後來都轉到孫中山先生那邊去了。

甲：辛亥革命結束了帝制，結束將近幾千年來的封建遺習；結束了清朝，結束不了晚清以來種種文化思潮的奔騰激蕩。

乙：對。一夜推翻的是王朝，不可以一蹴而就的是社會與人心的變革。偉大的先知先覺者往往寂寞而痛苦。中山先生的理想與方案，連不少追隨多年的同志，都懷疑是陳義過高；大大小小的野心政客、軍閥，更是亂舞群魔，去了一個大皇帝，變出無數小皇帝。要刷新政治，改革人心，還要從更根本的教育、學術做起。

甲：問題是：怎麼做起，從何做起？

乙：中山先生本來也早就主張從教育做起，〈上李鴻章書〉所指“人盡其才”就是培訓與教育。可惜是顢頇的滿清頑固自私，偏要累人累己。國家民族的危亡已經迫在眉睫，中山先生不得不先圖革命，後建文化。

甲：據說中山先生與首先譯介進化論、邏輯學和社會學到中國的嚴復見過面，討論過這個問題。兩位都是留學生，兩位都憂國傷時，精通中西文化。分別只在嚴復還對君主立憲抱有希望，還是主張先辦教育。

▲ 孫中山及其手書 "天下為公"（左頁圖）

乙：嚴復也曾批評那個時候流行一時的、張之洞的著名意見——"中學為體、西學為用"。

甲：是的，中國傳統文化，以道德心性為本體，因此有倫常禮義的作用；西方以希臘的尚智、希伯來的尊神為本體，因此有科技與宗教的作用。不相信"知識即美德"，怎能有鬼斧神工的科學？不制衡君權，怎能有民主？

乙：那個時候，沒有機會懂得這些，更不耐煩聽取這些道理，而善良正直、愛國愛民、擁護傳統文化的士大夫於是誇誇其談地説：西方的科技文物，以至典章法制，都是中國古已有之。

甲：問題是：何以好東西竟會失傳，何以我們看風水的羅盤、燒爆竹的火藥，到了歐洲，就變成發現新大陸、征服東方人的利器？

乙：也有一小部分人主張：目不窺園，只是"整理國故"吧。不過，聖經賢傳，都教我們濟世安民；讀書之聲，又怎可以把風聲雨聲掩蓋？

全盤西化與五四運動

甲：當時少不免有些人激烈地主張：乾脆完全否定自己，什麼都學人家吧。——後來所謂"全盤西化派"，就是如此。可能嗎？那個時候是什麼離經叛道的想法、講法甚至做法，都可以試試了。帝制都可以更易、一向以為天經地義的君王權位都可以廢除，還有什麼權威不可以打倒？再三敗辱的中國看來一無是處，似乎真的是上帝選民的歐美各國 —— 甚至學歐美而富強的日本 —— 是如此進步繁榮，凡是西方的、新的東西，哪有不好？凡是東方的，尤其是中國的、舊的，特別是一向尊崇的儒家的，哪可以不厭棄？哪可以不打倒？ —— 這便是民國初年許許多多知識分子的心態，碰到五四運動的刺激，於是就橫決了。

乙：五四新文化運動、新文學運動，都是劃時代的大事，敘述評論的篇章書籍，早已汗牛充棟。扼要來說，最足稱道的是作為文化工具的白話文運動的成功，對普及教育和精確地表達思想、傳遞訊息，有曠古所無的重大貢獻。至於學術思想，以至世道人心方面，五四的是非功罪的評說，就是一個很複雜的問題了。

甲：我覺得：那個時候的人，為了救亡圖存，對外來的種種思想，往往不暇審視、不分良劣，便飢不擇食、囫圇吞棗，而又誇誇其談、矜炫口耳，甚至挾偏激的曲學以自重，而入主出奴，執一廢百。對中國傳統，則一筆抹煞、肆意醜化。於是舊標準尊嚴掃地，新規範建立無從，在迷亂惶惑之中，只有情緒化地為打倒而打倒。號稱"民主"、標榜"科學"，可是卻只能淺薄浮囂地以一知半解的、外來的某某主義為時髦、為神聖，而不容異議，也不能驗證，結果是既不民主，也不科學。最嚴重還是民族自信心、文化自尊心的喪失。

乙：是啊。中國人本為不甘心做奴隸而學西洋文化，然而結果卻因學西洋的文化而在不知不覺之中，做了外國文化的奴隸了！

中國文化的前瞻

甲：你這真是感慨繫之而又扼要的論斷。因為救亡心切，許多人變了只知仇外、拒外 —— 媚外的民族敗類不用說了 —— 我們忽略了：咒詛疾病，或者三步不出無菌的隔離病房，都不是辦法。辦法是要先找出自己身體衰弱的原因，和怎樣"補中益氣、培元固本"。

乙：對啊，你這句中醫常用的話，大概西醫也不反對，至多用西方的習慣，要先清楚界定：什麼是"中"、"氣"、"元"、"本"而已。事實上，在過往幾千年不曾中斷的發展中，中國文化表現了驚人的持續力與包容力；它的適應能力應該是沒有問題的。今天我們的世界，人與天爭而致破壞環境，人與人爭而致核戰危機，物慾被無窮地引誘而熾盛，人心難得安寧。我們中國文化，以人類自己的心性主宰作為根源，以倫理道德表現文化價值，注重內心的修養和節制，講究人與人、人與自然的協和，誰説不可以做救時之藥呢？——當然，科學、民主這兩方面確是我們的嚴重不足，我們因此百多年來受了幾乎致命的苦痛。不過，只要我們切實地、努力地、謙虛而又不失自信地去補充、發展，一個更偉大的中國文化，一定就此從新開始。

中國文化發展簡表

1. 公元年代據萬國鼎：《中國歷史紀年表》(香港商務印書館) 2. 本表中各項條目上下距離，只示意出現先後，並不代表實際時間久暫。

時　期	思　想	制　度	文史與藝術	考古發現與科技器物
太 古 　仰韶文化	原 始 宗 教	● 婚姻之禮 (?)	● 八卦 (前文字符號)	● 雲南元謀蝴蝶山 "蝴蝶人" 遺骨 (公元前四百萬年) 　"元謀人" 遺骨 (公元前一百七十萬年) ● 北京周口店 "北京人" 遺骨及洞穴遺址 (公元前五十萬年) ● 原始文化遺址數千處，遍佈今日中國各地 　彩陶 ● "有巢氏" (木構居室) ● "燧人氏" (熟食) ● "伏羲氏" (畜牧) ● "神農氏" (農耕、草藥) ● "軒轅氏" (車輛之類器物) ● 傳說黃帝時，隸首造數、嫘祖教民育蠶治繭 ● 已有城堡
龍山文化		● 世卿貴族	● 陶器紋飾	● 彩陶
堯舜禪讓 (?) (公元前二一〇〇)				
夏 (公元前一六〇〇)				
商 (公元前一三〇〇) (殷) (公元前一〇二七)	● 鬼神祭祀盛行	● 君位兄終弟及	● 甲骨文字、卜辭	● 青銅鼎彝器皿 ● 各種占算體系 (連山、歸藏及其後之周易等)

表二

時　期	思　想	制　度	文　史	藝　術	科技器物
西　周 （公元前七七〇）	• 人文精神踵起	• 君位父死子繼 • 周公旦制禮作樂 • 封建與宗法	• 鐘鼎文字 • 篆書 • 設置史官 • 詩三百篇 • 《尚書》		• 醫藥：漸離巫術而發展
東　周　春秋 （公元前四八〇）	• 諸子興起、學術思想大盛 • 孔子 • 老聃（？）	• 刑書（鄭） • 刑鼎（晉）	• 《春秋》 （編年史）	• 古樂：五音階、十二樂律 • 八大類樂器 • 崇雅樂以行教化	• 數學：《周髀算經》 • 建築：楚始建長城（公元前七二〇） • 冶金：有鑄鐵記載（公元前五一三）
周　戰國 （公元前二二一）	• 墨翟 • 孟軻 • 莊周 • 商鞅 • 公孫龍 • 鄒衍 • 荀況 • 韓非	• 法經（魏） • 封建制度崩壞	• 《左傳》（？） • 楚辭	• 帛畫	• 天文：有觀測哈雷彗星記載（公元前四八七） • 營造製作：公輸般 • 《墨子》：光學、力學等知識記載 • 已有用磁性以定方向之“司南” • 營造製作：《考工記》為有關知識之結集 • 醫藥：扁鵲 • 建築：李冰父子建都江堰（今四川灌縣，公元前二五〇）

表三

時期	思想與學術	制度	文史	藝術	科技器物
秦 (公元前二二一)	● 法家統制思想 ● 焚書(公元前二一三)	● 中國統一、君主專制 ● 廢封建、行郡縣 ● 全國普用"半兩錢"	● 以小篆統一文字 ● 始有隸書	● 武士俑 ● 璽印雕刻藝術興起	● 建築：建阿房宮、萬里長城、馳道；始皇陵 ● 文具：蒙恬在中山(今安徽宣城)造兔毛筆
西漢 (公元前二〇六) (八)	● 無為而治黃老之術 ● 陰陽五行學說流行 ● 今文經學 ● 古文經學興起 ● 今古文之爭	● 內政：設十三州以統郡縣 ● 考選：行郡國察舉以掄才；又行徵辟、立大學 ● 經濟：以"五銖錢"為全國貨幣；鹽鐵官賣；以"均輸"調節盈虛；以"平準"控制物價	● 辭賦流行 ● 《史記》紀傳體正史之祖 ● 樂府詩 ● 五言詩	● 祠堂、碑闕、石刻、石像、磚畫、壁畫、陶俑、漆器、玉雕等各種實用美術 ● 中西亞音樂美術隨通西域而流入中國	● 醫藥：倉公淳于意 ● 數學：張蒼整理《九章算術》 ● 建築：未央宮(公元前一九八) ● 醫藥：《神農本草經》、《黃帝內經素問》、《難經》
新					
東漢 (二五)	● 佛教傳入 ● 古文經學全盛 ● 道教興起		● 楷書、草書已流行 ● 《漢書》斷代正史之祖 ● 《說文解字》 ● 已有行書 ● 建安文學大盛		● 文具：蔡倫造紙 ● 天文：張衡渾天儀、地動儀、候風儀 ● 煉丹：魏伯陽《周易參同契》 ● 醫藥：張機(仲景)《傷寒論》 ● 華佗：外科手術
漢 (二二〇)					

表四

時期	思想	制度	文史	藝術	科技器物
魏（二二〇） 蜀（二六三） 吳（二二五） （二六五） （二八〇）	• 清談玄學	• 軍事：軍閥部曲私人軍隊 • 考選：九品中正制 • 經濟：魏罷"五銖錢"，以穀帛實物為買賣媒介	• 五言詩興盛：曹植等 • 文學評論興起：曹丕《典論‧論文》 • 玄言文學流行		
西晉（三〇四） 東晉（四二〇）	• 佛教漸盛		• 文學評論：陸機〈文賦〉 • 個人奉詔或自撰史籍之風大盛 • 山水文學流行 • 軼事與志怪小說 • 樂府民歌	• 人物畫：衛協 • 人物畫：顧愷之 • 書聖：王羲之 • 石窟建築、雕像、繪畫藝術 • 人物畫：陸探微	• 建築：始建石窟寺於敦煌鳴沙山
五胡十六國（三八六）（四三九） 宋（四七九） 齊（五〇二） 北魏（三八六）（五三四）	• 佛教大盛	• 北魏漢化	• 聲律、對偶、用典之學大盛 • 文學評論：劉勰《文心雕龍》 • 《昭明文選》	• 人物畫：張僧繇	• 曆算：祖沖之《大明曆》、圓周率 • 農業：賈思勰《齊民要術》

表五

時　期	思想	制　度	文　史	藝　術	科技器物
梁 東魏（五五〇） 北齊（五七七） 陳（五八九） 西魏（五五七） 北周（五八一） 隋（六一八）	● 道教流行	● 北周復古 ● 軍事：行西魏、北周以來之府兵制 ● 中央：相權下分為"三省" ● 考選：始行科舉制	● 駢文全盛 ● 宮體文學	● 古樂與胡樂漸趨融合	● 煉丹與醫藥：陶弘景及其《神農本草經》 ● 交通：開鑿運河 ● 建築：李春趙州安濟橋（世界最古石拱橋）

表六

時期	思想	制度	文史	書畫及其他藝術	科技與文化交流
唐 （六一八）	• 大乘佛教八宗次第成立 • 道教大盛	• 考選："進士"之外，增設多科以取士 • 史官：建史館，開創修前代正史之例 • 經濟：高宗時始有大唐寶鈔 • 考選：武則天稱帝增設武科舉 • 軍事：府兵制變為藩鎮募兵 • 經濟：租庸調變為兩稅法 • 法律：唐律五百餘條（現存最古法典）	• 初唐四傑：六朝文學之後繼 • 杜佑：《通典》（文化史） • 劉知幾：《史通》（史學評論） • 古近體詩全盛：大詩人李白、杜甫等	• 書法：虞世南、歐陽詢、褚遂良等 • 山水畫：始盛 • 宮廷畫：閻立德、閻立本兄弟 • 人物畫：吳道子 • 山水畫：王維淡墨山水，下開南宗；李思訓、李昭道父子金碧山水，下開北宗 • 動物畫：曹霸、韓幹 • 書法：李邕、張旭、懷素	• 玄奘西行天竺求經 • 景教傳入 • 義淨經水路西行天竺求經 • 曆算：僧一行（張遂）《大衍曆》、李淳風《麟德曆》 • 醫藥：孫思邈《千金方》 • 唐與大食戰於怛邏斯（七五一），敗，被俘者有造紙工，術遂西傳
（九〇七）	• 佛教禪宗與淨土宗大盛	• 經濟：中葉以後錢幣貶，有"飛錢"、"櫃坊"等信用票據	• 佛教變文 • 中唐大詩人：韓愈、柳宗元、白居易等 • 古文運動興起：韓愈、柳宗元等 • 傳奇小說 • 詞漸興起 • 晚唐詩人：李商隱等 • 釋守溫：三十六字母	• 中西亞音樂美術繼續影響中國 • 敦煌彩塑、雕像、圖畫繼續發展	• 印度七曜九執等不用籌策之多位法 • 算法隨佛教流入 • 伊斯蘭教、祆教、摩尼教等入華 • 雕版印刷術已行 • 由煉丹術以硝、硫、碳合成黑色火藥

時期	思想	制度	文史	書畫	其他藝術	科技與文化交流
五代 (九〇七)　十國 (九一六)			• 詞：李煜、韋莊等	• 山水畫：董源、巨然 (南宗)、關仝、荊浩 (北宗) • 人物畫：貫休、石恪	• 陶瓷：柴窰	• 文具：南唐澄心堂紙
(九六〇)(九七九)　北宋　契丹　遼	• 刻《大藏經》 • 理學興起：二程子等 • 刊行《道藏》	• 考選：殿試制度確立 (九七五) • 以進士為天子門生，消滅朋黨。 • 新法：神宗期 (一〇六九至一〇八五) • 哲宗期 (一〇九三至一一〇〇)	• 西崑體詩 • 司馬光：《資治通鑑》 • 歐陽修：詩文、史學 • 王安石：詩、文 • 蘇軾：詩、文、詞 • 黃庭堅：江西詩派 • 賦：文賦	• 花鳥畫：黃筌、徐熙 • 成立畫院、納入科舉 • 書法：蘇軾、黃庭堅、米芾、蔡襄四大家	• 陶瓷：定、汝、官、哥、均、龍泉等窰 • 景德鎮興起	• 始有火箭 • 《武經總要》(一〇四〇) 始有三種火藥成份記載 • 畢昇：活字印刷術 (一〇四一至一〇四八) • 沈括：《夢溪筆談》(一〇八〇)、多科技知識 • 營造：李誡《營造法式》(一一〇三)、總載古來木構建造科技

朝代	宗教哲學	經濟	文學	科技
(一一一五) 金 (一二○六)				
(一一二五)				
(一一二七) 南宋 宋 (一二三四) (一二七一)	• 禪宗、淨土宗續盛 • 理學盛行：朱熹、陸九淵等 • 北方道教全真派	• 經濟：交子貨幣 • 經濟：會子貨幣(世界最早紙幣)	• 駢文：宋四六 • 詞全盛：柳永、周邦彥等 • 金石碑刻之學發展 • 袁樞：《通鑑紀事本末》(史學新體) • 詞繼盛：辛棄疾、姜夔、吳文英等	• 軍事：有飛火槍、突火槍、霹靂炮等管狀火器 • 宋慈《洗冤錄》，世界最早法醫學著作 • 數學：秦九韶《數書九章》(一二四七) • 李冶《測圓海鏡》(一二四八) • 海舶羅盤傳入歐洲 • 火藥經阿拉伯傳入歐洲 • 活字印刷術隨蒙古西征傳入歐洲
(一二七一) 元 (一二七九)				

時期	思想與學術	制度	文史	藝術	科技建設與文化交流
元 (一二七一)	• 佛教續盛 • 道教全真派興盛	• 科舉：依種族而分難易二榜 • 地方：建"行中書省"十三；始開行省分立之局 • 漕運：始行海運 (一二八二)	• 傳統文體皆衰 • 散曲雜劇興盛 • 章回小說：《水滸傳》等	• 文人畫主導畫壇 • 山水畫特盛	• 始建大都 • 天文曆算：郭守敬《授時曆》、天文儀器 • 王禎：輪盤排字 (一二九八)、《農書》(一三一三)
明 (一三六八) (一六一六) 後金 (一六一六) 清 (一六四四) 南明 (一六四四)	• 理學復盛：陳獻章、王陽明等	• 中央：廢丞相 (一三八○) • 地方：設南北直隸及又十三布政司以代"行省" • 軍事：設軍衛所(世兵)、民兵、募兵 • 科舉：始定八股經義為考試文體 • 經濟：銀幣通行、外國白銀入口	• 修《永樂大典》 • 文學仿古：前後七子 • 傳奇：長篇劇曲 • 章回小說：《西遊記》、《三國演義》等		• 建成南京城 (一三七三)、北京內城 (一四○三)、宮城、皇城 (一四二○) • 珠算已流行 • 醫藥：李時珍《本草綱目》(一五七八完成，一五九六刊行) • 天主教耶穌會士傳入西學 • 利瑪竇、徐光啟翻譯：《幾何原本》(一六○六) • 徐光啟等主修《崇禎曆書》(一六三五) • 徐光啟原撰、陳子龍編刊：《農政全書》(一六三九) • 宋應星：《天工開物》(一六三七)

（一六六一） 清 （一九一一）				
• 清初經世之學：顧、黃、王、顏等 • 樸學興盛：戴、段、錢、王等 • 今文經學復盛：康有為 • 西方思潮湧入	• 地方：因元舊名曰"省" • 科舉：繼續以八股詩賦取士，另開間中舉行之特科 • 軍事：八旗、綠營世兵，團練、鄉勇募兵 • 經濟：銀本位 • 法律：參歐西法律改良律例（一九〇二） • 考選：廢科舉（一九〇五） • 君主專制制政體結束	• 勅修巨籍：《佩文韻府》、《古今圖書集成》、《全唐文》、《四庫全書》等 • 名種傳統文體復盛 • 桐城古文 • 發現甲骨文（一八九九） • 白話文運動興起	• 西教士傳人西洋畫觀念：郎世寧 • 傳統畫法：四王（時敏、鑑、原祁） • 歐美藝術風尚流入	• 羅馬教廷"禮儀之爭"與中國禁教 • 建成紫禁城 • 始建暢和園（一七〇二）圓明園（一七二五） • 阮元：《疇人傳》（一七九九） • 魏源：《海國圖志》（一八四四） • 建立同文館（一八六二）譯述講習西方語文 • 全面學習西方科技

附錄

一、《中國文化對談錄》
　　評介二則

1. 博大精深 生動有趣

中國文化源遠流長，波瀾壯闊。要將這幾千年豐富多彩的文化成果加以總結，實在是一件十分艱巨的任務。

這一本《中國文化對談錄》，著者就是鼎鼎有名的香港大學教授陳耀南博士。其高明處在於"用兩人對話、互相啟發的方式，以他一貫的幽默文筆，流暢親切、深入淺出地剖析上述文化問題的奧秘"。

深入淺出，言簡意賅，可說是這本《中國文化對談錄》的最大特點。深和淺、簡和賅本是相互對立的，如何使其統一，這就要看著者的學術造詣和演繹技巧了。例如對"文化"一詞的闡釋，古往今來的學者就曾下過兩百多個定義，有的只限於內涵，有的則注重外延，其中狹義的理解和廣義的概括就不完全一樣。此書的著者先從不絕於耳的"香港是文化沙漠"之說談起，逐層闡述何謂文化、文化與文明有何區別、人類何以會有文化、如何為文化下定義等問題，最後才得出這樣的結論："人類為了提升個人與社群的生活品質，在精神、物質各方面努力，表現為宗教、哲學、道德、法律、政治、經濟、風俗、禮儀、科技、藝術；其成績總和，就稱之為'文化'。"透過對文化宏觀的鳥瞰和微觀的剖析，著者不僅告訴讀者何謂廣義的文化，而且告訴讀者狹義的文化是什麼，使讀者既掌握了文化的內涵，又理解了文化的外延，這樣一來"香港是文化沙漠"之說也就不攻自破了。因為"香港即使在開埠以前的小漁村時期，也早已有不錯的文化"，何況開埠以後一百多年來，隨着時代的進步，科技的發展，"教育那麼普及，書刊如此之多，怎可以說是'文化沙漠'？"

　　再說要論述中國文化這一命題，從縱的方面可以上起我國原始文化，下迄當代文明，將其中幾千年來的文化史的演變軌跡展示出來；從橫的方面則要將文化史上的儒家思想、法墨諸家的政治學、道家思想、先秦名家、陰陽五行之學、清談的玄風、佛教、禪學和理學等一一作重點闡釋，同時還要將多家對中國文學藝術的影響乃至傳統文化和現代文化的關係加以論述。僅僅這些，就可寫成一部像枕頭一樣厚的長篇巨著。但本書的著者卻能刪節枝蔓，突出主幹，簡明扼要地將悠久的文化史和燦爛的文化成果呈現於讀者面前，就像深圳的"錦繡中華"和"中國民俗文化村"一樣，作了高度濃縮和集中概括，給人以全面而又深刻的印象。

　　旁徵博引，談笑風生，使這本《中國文化對談錄》具有相當大的可讀性。前者，體現為本書的知識性；後者，則使本書充滿趣味性。盡人皆知，陳耀南博士學貫中西，無所不曉，主要著作就有二十幾種。《中國文化對談錄》雖然是一本小書，卻蘊藏着深刻的學術內容，而且無處不表現著者精深博大的學識涵養和活潑生動的文體風格。例如他談到儒家思想時就一語道破了孔子能排除眾議刻苦鑽研，"從'禮'的後面找出'義'——就是儀式後面的道理；從'義'的後面找出'仁'——就是作為一切義理基礎的仁心"。然後引用徐復觀先生和勞思光先生對"仁"的解釋，說明這人類無限的同情心和向上心也就是"道德價值的自覺"，是人類道德行為的原動力以及人類文化的核心。同時還以漢儒對"仁"的解釋（即"相人偶也"）說明"仁"是"二人"相處的最高原理，而"仁心"，則是人際關係的基礎。最後，又引古人對孔子的稱頌"天不生仲尼，萬古如長夜"進一步說明孔子和儒家思想在中國文化中的地位和作用。

　　為了讓讀者認識中國文化史上漢朝初年的所謂"六家"，著者作了形象化的解釋：

　　儒家——溫和的、有學問的文化人學派

道家 —— 全面歸服自然的隱士派

墨家 —— 勞苦大眾的行動幫會

法家 —— 專制君主的參謀集團

名家 —— 名詞概念的專業研究者

陰陽家 —— 天地變化抽象力量的想像家

同時，還以"泥水匠"和"太空人"來形容儒道兩家的主要精神，使
人一目了然，深得要領。

而以香港讀者為具體對象，通過對談的形式，輕鬆活潑地把"微
妙難識地深藏於黌舍泮宮的高文典冊"和"平實易曉地表現於朝士鄉
民的日常言行"之文化這"從過去到將來都是中西學者的重要課題，
現在還是香港預科學生的必考科目"闡述出來，使人好像在聽故事那
樣感到親切有趣，則是這本對談錄的引人入勝之處。且不說"名家的
思想遊戲"、"陰陽家的宇宙測繪"、"佛家的心心相印"、"明清兩代
八股與考據的得失"被著者介紹得活靈活現，只讀第十四章〈平上去
入孫悟空 —— 佛教與中國文藝〉和第十六章〈絕妙好辭 —— 中國文字
的彈性〉，就令人不時發出會心的微笑，並為著者機智和幽默的談鋒
不斷擊節讚賞。正是在這不知不覺之中，讀者充分領悟到本書的精
髓和著者的意旨。

2. 深入淺出 雅俗共賞

在學院派諸文友中，陳耀南給人的印象是學識淵博、著作等身、
思維縝密、出口成章。繼《中國文化引論與篇章導讀》後，他又出了
一本《中國文化對談錄》。這本對談錄，表面上看來只是百來頁的通
俗小冊子，但細讀之下卻使人感到其分量不輕。曾敏之說他古今中外
無所不精，僅僅"文化"一義的探討，就可以談它三天三夜。黃維樑
讚他貫通古今，尤精於古，談到《中國文化對談錄》時更是讚不絕口：

"此書兼顧中國文化的每個層面，又有歷史發展的線索，縱橫論述，且採用生動有趣的'對談方式'，除'書的體例架構甚佳'外，著者'精見俯拾即是'，而最為難得者是'講中國文化而涉及當前香港和西方，能近取譬，甚予學生親切感'。"

文化，是人類在社會發展過程中所創造的物質財富和精神財富的總和。從狹義來理解則是探索思想、文學藝術、語言文字、新聞傳媒、文物考古等方面。即使僅僅談這幾方面，也得費一番心血。何況又要將如此複雜、如此高深的學問寫成通俗易懂、生動有趣的小冊子，更是難上加難了。正如黃維樑所指出的："文化學的專家最難做，因為文化無所不包"，非"通家"、"通儒"不能為。而文章要寫到深入淺出、雅俗共賞的境界，則非文思敏捷、才華橫溢的學者莫辨。正因為如此，大家對陳耀南就更加欽佩了。

《中國文化對談錄》全書共分十八章，其中文化的定義、文化類型的比較、中國文化的成型佔了三章，各家的思想及其對中國社會的作用和影響佔了十一章，語言和文字佔了兩章，傳統文化和現代文化的探討各佔一章。這裡既有縱向的論述，又有橫向的闡釋；既有宏觀的鳥瞰，又有微觀的解剖。可說上下古今，東西南北，縱橫交錯，斐然成章。而最膾炙人口乃至令人手不忍釋的則是著者的文體風格，其平易近人通俗生動有如四十年代流傳於廣大讀者中間的《大眾哲學》；其一問一答妙語如珠則迄今似乎尚無任何同類著作可與之媲美。文如其人，讀《中國文化對談錄》，就彷彿讀陳耀南：就像聆聽他在講台上所作的報告，就像恭聽他在會議上發表的議論，就像接聽他在電話裡陳述的高見，就像傾聽他在宴席上令舉座皆驚的精彩談吐 —— 那樣扣人心弦，那樣發人深省。

王一桃

一九九三年春，九龍得寶齋

二、中國青年必讀的
《中國文化對談錄》

　　"我們作為中國人，一定得知道自己國家民族的文化源流…… 讀這本書，不只能使我們懂得安身立命的準繩……也能使我們的心境平靜一點，明白自己的依歸。"（杜漸〈序〉）這大概就是三聯書店出版"年青人書系"《中國文化對談錄》的目的吧。讀完這本書，認識了中華民族輝煌燦爛的文化，我們就會增強民族自尊心、自信心，抬起頭、挺起胸膛做人，以做中國人為榮，足以自豪。（參考書末《中國文化發展簡表》）這也是筆者向青年朋友們推薦本書的目的。不算太厚的《中國文化對談錄》具有下列五項特色：

　　一、引人入勝 作者陳耀南教授開宗明義拿"香港是'文化沙漠'嗎？"做話題，吸引讀者，引出了"文化"這個詞，給它做個定義，跟大家談"中國文化"，這樣的開頭是機智的。

　　二、結構嚴謹 從"文化沙漠"進而談文化，介紹三種文化類型，並就中西文化作比較。繼而闡述中國文化的形成，介紹我國先秦哲學思想儒、墨、法、道、名、陰陽這六家的學說。再從陰陽家和佛教對中國的影響，揭示魏晉清談風氣的盛行。又由佛教的被推崇，談到宋明理學的興起。作者還分析中國科學技術不發達是由於明代君主推行以八股文開科舉取士，以及清代大興文字獄，促使考據學的興盛——這都是中國近代文化的特徵。作者娓娓道來，一環緊扣一環，使讀者捧卷之餘，不忍釋手。最後又總結中國文化，作出檢討，指出中國文化的展望是光明的，作者具有樂觀的信心。儘管在十九世紀至二十世紀殖民主義者入侵中國，使中國文化一度萎靡不振，説來令人痛心，但作者卻並不灰心。

三、形式活潑 作者用對話方式介紹中國文化，既有啟發性，議論又精闢。全書十八個對談，每個對談的題目都是一語中的。譬如說，用"心心相印"的標題談"禪學與理學"（第十三章），用"敲門磚與獺祭魚"介紹"八股與考據"（第十五章），給讀者的印象很深刻。

四、思想敏捷 作者運用俗語"泥水佬開門口，過得自己過得人"介紹儒家思想（第四章），足見作者富於聯想力。

五、思想周密 許多人都認識"文化"這個詞——識讀、識寫；但是要他們給它下個定義，他們就少不免感到惶惑。作者說："從混亂到條理，從粗陋到精美……從幼稚到成熟，從野蠻蒙昧到有科技、有制度、有禮義，這更是極大的變化。……人類為了提升個人與社群的生活品質，在精神、物質各方面努力……其成績總和，就稱之為'文化'。"

在比較中西文化的異同時，筆者認為從經濟類型、政治制度、家庭組織、社會生活、道德倫理……作深入比較，那麼對未來的中國前途才能作出科學的預見——年前國內攝製的紀錄片《河殤》引起文化教育界的重視，值得我們注意。

不管怎樣，筆者對作者陳耀南教授是衷心佩服的。他學貫中西、博通今古。

郭全本